Karolina Sparring   Karin Alfredsson

Hhm, lecker

Rezepte,
die Kindern
wirklich schmecken

Jan Thorbecke Verlag

VERLAGSGRUPPE PATMOS

PATMOS
ESCHBACH
GRÜNEWALD
THORBECKE
SCHWABEN

Die Verlagsgruppe
mit Sinn für das Leben

Aus dem Schwedischen von Julia Gschwilm

Für die Schwabenverlag AG ist Nachhaltigkeit ein wichtiger Maßstab ihres Handelns. Wir achten daher auf den Einsatz umweltschonender Ressourcen und Materialien. Dieses Buch wurde auf FSC®-zertifiziertem Papier gedruckt. FSC (Forest Stewardship Council®) ist eine nicht staatliche, gemeinnützige Organisation, die sich für eine ökologische und sozial verantwortliche Nutzung der Wälder unserer Erde einsetzt.

© 2011 Jan Thorbecke Verlag der Schwabenverlag AG, Ostfildern
www.thorbecke.de
© der Originalausgabe mit dem Titel „Kom in och ät" 2010 erschienen bei Norstedts, Tryckerigatan 4, Box 2052, 10312 Stockholm, Schweden, www.norstedts.se

© 2010 Karin Alfredsson, Karolina Sparring und Norstedts, Stockholm
Veröffentlichung mit freundlicher Genehmigung von Nordstedts Agency

Umschlaggestaltung: Finken & Bumiller, Stuttgart
Umschlagabbildung: Abbildungen oben: designritter/Quelle: photocase
Druck: Firmengruppe APPL, Wemding
Hergestellt in Deutschland
ISBN 978-3-7995-0883-4

Inhalt

Kinder werden von Neugier angetrieben

Ein neugeborenes Kind hat keine Erfahrungen der Welt außerhalb der Gebärmutter. Für viele Kinder ist die erste Mahlzeit auch die allererste Erfahrung. Diese süße, gute, sichere, von deren Plattform aus man die Welt erkunden kann. Zuerst Mamas Gesicht, dann Papas, die eigene Hand, die Finger, den Fuß, die Lampe über dem Tisch, die Geschwister, das Spielzeug der Geschwister. Schritt für Schritt wachsen die Kinder in die neue Welt hinein.

Und das Kind wird sich davon immer größere Stücke nehmen, immer größere Bissen. Bald verlässt es unsere unmittelbare Nähe und macht immer längere Ausflüge. Es knüpft eigene Kontakte, stellt eigene Fragen, erobert eigene, einzigartige Reviere. Klettert auf Bäume. Lernt zu balancieren, Rad zu fahren, Äpfel zu schälen. Erweitert Grenzen. Nimmt die Welt in immer größeren Stücken ein.

Machen Sie also Ihren Kindern niemals die Küchentür vor der Nase zu, wenn Sie kochen wollen. Lassen Sie sie stattdessen mitmachen. Lassen Sie sie die Karotten reiben und die Form einfetten. Lassen Sie ein wenig Dreck in der Küche zu, das ist es wert.

Nahrungsmittel, Kräuter, Obst und Gemüse zu erforschen, sie zu probieren und anzufassen, gibt neue Impulse und baut neue Brücken. Ausdrücken zu können, wie eine Karotte schmeckt, oder andere Urteile über ein Gericht fällen zu können, ob es lecker oder eklig war, gibt dem Kind Selbstbewusstsein und führt dazu, dass es seine Sprache entwickelt und weitere Schritte hinaus in seine Umwelt machen kann.

Kinder werden von Neugier angetrieben. Sie wollen mehr wissen. Sie müssen mehr wissen dürfen. Deshalb ist es nicht nur wichtig, es ist beinahe ein Menschenrecht, dass Kindern Essen präsentiert wird, das nicht nur ihr Bedürfnis nach Nahrung erfüllt, sondern auch ihre Neugier stillen kann. Und neue Lust weckt, mehr zu entdecken. Das ist unsere Meinung. Deshalb dieses Buch.

Dieses Buch war Karolina Sparrings Idee. Heute ist sie Köchin in einem Kindergarten in Södermalm in Stockholm. Dort testet sie ihre Rezepte und stellt Speisekarten zusammen, die ein wenig anders aussehen als die anderer Kindergärten.

Aber Karolina hat auch drei eigene Kinder und daher selbst Erfahrung damit, wie schwer es sein kann, Gerichte zu kochen, die interessant sind und die Kinder wirklich essen. Als Inhaberin eines eigenen Tagescafés, in dem sie auf nur 16 Sitzplätzen 150 zufriedene Gäste am Tag verköstigte, und darüber hinaus als Autorin eines Kochbuchs, das in der fünften Auflage erschien, war Karolina anfangs ziemlich großspurig. So erzählt sie selbst:

„Als mein Sohn Frank klein war, hatte ich große Ambitionen. Ich servierte ihm spannende Dinge und feine Zutaten, aber Frank kniff nur die Lippen zusammen und weigerte sich zu essen. Zum Schluss protestierte der Kinderarzt. Frank hatte sehr viel abgenommen und sah richtig mager aus. Also fing ich mit Babygläschen und Fischstäbchen an. Frank aß, aber ich fühlte, wie falsch es war. Dieses Essen roch noch nicht einmal gut. Also entschloss ich mich dazu, noch einmal von vorne anzufangen."

So begann Karolina mit der mühevollen Arbeit, Essen zu entdecken, das Frank und auch die Kinder des Kindergartens, in dem sie jetzt arbeitet, mögen würden, ohne deshalb Kompromisse bei Geschmack oder Qualität einzugehen. Beharrlichkeit führt zum Ziel. Nach einigen Monaten aß Frank mit großem Appetit. Die Rezepte stehen in diesem Buch.

Die Absicht von diesem Kochbuch ist, dass Sie als Eltern eigene Wochenmenüs zusammenstellen können, die Sie und Ihre Kinder herausfordern und aufmuntern, etwas Neues auszuprobieren. Die

Rezepte sind, wie gesagt, erprobt und an den wählerischen Kindergaumen angepasst. Das Essen ist nicht zu scharf oder zu salzig, aber hier und da taucht ein neuer, ungewohnter Geschmack auf. Karolina ist viel gereist, und Sie werden Einflüsse aus Südamerika wie aus Südostasien in ihren Rezepten finden. Pommes Frites kommen nicht vor, wohl aber Bulgur und Couscous.

Und bestimmt werden Sie hier und da auf Widerstand stoßen. Aber verlieren Sie nicht den Mut: Karolina sagt, dass sie ein neues Gericht immer mehrmals testet, bevor sie aufgibt, denn die Geschmacksknospen der Kinder müssen sich erst an die neuen Geschmacksrichtungen gewöhnen können.

Gehen Sie von sich selbst aus. Nehmen Sie sich Zeit in der Küche. Geben Sie Ihren Kindern lieber eine Karotte oder einen Apfel, um den akuten Hunger zu stillen, und servieren Sie das Abendessen eine halbe Stunde später, als zu versuchen, ein Rezept mit Stress durchzuziehen. Und denken Sie daran, dass dieses Buch sowohl für Sie als auch für Ihre Kinder bestimmt ist, also laden Sie sie ein, beim Kochen mit dabei zu sein. Sie werden es nicht bereuen!

Karolina Sparring
Karin Alfredsson

PS: Die Rezepte sind für 4 Personen gedacht, wenn nichts anderes angegeben ist.
Bei uns in Schweden ist es üblich, Mengen beispielsweise bei Mehl und anderen trockenen Zutaten in Dezilitern anzugeben. Das hat den großen Vorteil, dass man ohne Waage, nur mit einem Messbecher ausgestattet, fast alle Zutaten abmessen kann. Versuchen Sie es doch einmal!

Montags Suppe

Ich finde Suppen gemütlich. Wenn es draußen kalt und unwirtlich ist, kann es schön sein, etwas auf den Tisch zu bringen, das von innen wärmt. Und lassen Sie die Kinder nicht kaltes Wasser oder Milch in die Suppe gießen, wenn sie zu warm ist. Servieren Sie die Suppe lieber in einem großen Teller, dann kühlt sie schnell ab, ohne den guten Geschmack zu verlieren.

Es ist toll, Schälchen mit frischen Knabbereien dazuzustellen, wenn es Suppe zum Abendessen gibt, wie Karottenstreifen oder kleine Broccoliröschen. Und vergessen Sie die „Geschmacksverstärker" nicht! Kleine Beigaben, die Geschmäcker hervorheben und mit denen man eine Suppe auf viele verschiedene Arten variieren kann. Normale Brotcroûtons sind wohl das Gewöhnlichste, aber probieren Sie doch einfach einmal aus, beispielsweise knusprig gebratenen Bacon zur Blumenkohlsuppe zu servieren. Geröstete Samen oder Nüsse passen fast zu jeder Suppe. Gehobelter Parmesan ist lecker. Was noch? Krabben, gehackte Petersilie, marinierte Bohnen, Keimlinge, saure Sahne und natürlich Aioli. Die Rezepte stehen im Kapitel „Basics".

Viele Rezepte in diesem Buch setzen voraus, dass man einen Stabmixer hat. Das ist ein nicht allzu teures, aber sehr praktisches Küchengerät. Besonders, wenn es um Suppen geht. Das Kochen einer Suppe mit einem Schuss Sahne abzuschließen, wonach man einige Runden mit dem Stabmixer rührt, ist der reine Genuss. Die Geschmäcker kommen auf eine ganz neue Art zur Geltung.

Bei mir zu Hause gibt es noch einen guten Grund für den Stabmixer, jedenfalls, wenn ich will, dass mein Sohn Harry mit gutem Appetit isst: Mit einem Stabmixer kann man die Zwiebeln wegzaubern.

Südfranzösische Fischsuppe

„Vergiss den Safran nicht!", steht auf einem Schild an der Kasse des Ladens, in dem ich meistens einkaufe. Und es ist ja wirklich so, dass man allzu oft ohne dieses kleine Päckchen in der Tasche nach Hause geht. Die Einkaufsliste ist schon abgearbeitet. Es ist nur noch dieses kleine Detail übrig, wenn man die Waren auf das Band legt und nach dem Geldbeutel sucht. Die Kinder wollen Eis oder eine Zeitschrift, und das Handy klingelt. Und irgendwo dort verschwindet der Safraneinkauf aus dem Bewusstsein, und man benutzt stattdessen Kurkuma. Schon wieder. Safran ist eine kleine Zutat, aber er gibt einen sehr großen Geschmack. Nicht zuletzt in südfranzösischer Fischsuppe!

1 gelbe Zwiebel, fein gehackt

2 Karotten, in Scheiben geschnitten

1 Knoblauchzehe, zerstoßen

1 EL Tomatenmark

1 TL Sambal Oelek

1 Päckchen Safran

1 TL getrockneter Thymian

2 TL getrocknete Fenchelsamen

4 EL Olivenöl

1 Dose gehackte Tomaten

200 ml Weißwein

1/2 l Fischbrühe

1 Lorbeerblatt

400 g weißer Fisch, in Würfeln

200 g Lachs, in Würfeln à 2 x 2 cm

100–200 ml Schlagsahne

Salz und weißer Pfeffer aus der Mühle nach Geschmack

250 g Krabben

1 dl fein gehackter Dill oder Petersilie

1. Die Zwiebeln und Karotten zusammen mit Knoblauch, Tomatenmark, Sambal Oelek, Safran, Thymian und Fenchelsamen in Olivenöl anbraten, ohne dass sie Farbe bekommen.

2. Tomaten, Wein, Brühe und Lorbeerblatt dazugeben.

3. Zugedeckt 20 bis 25 Minuten sieden lassen oder bis das Gemüse die richtige Konsistenz bekommen hat.

4. Den Fisch und die Sahne hinzufügen, noch weitere 1 1/2 Minuten sieden lassen. Mit Salz und weißem Pfeffer aus der Mühle abschmecken.

5. Vor dem Servieren mit Krabben und Dill oder Petersilie bestreuen.

Mit Brotcroûtons (Seite 46) und gerne auch etwas Aioli (Seite 162) servieren.

Gulaschsuppe

Eine richtig deftige und gute Fleischsuppe kommt immer gut an. Ich habe sie bei einer Gelegenheit mit Schweinefleisch gemacht, aber dass musste ich bitter bereuen, weder ich noch die Kinder mochten es.

500 g Rindsgulasch
2 gelbe Zwiebeln, fein gehackt
2 Knoblauchzehen, fein gerieben
2 EL Paprikapulver
1/2 TL zerstoßener Kümmel
2 TL Salz
2 EL Tomatenmark
2 EL Butter oder Rapsöl
500–600 ml Wasser
1 Lorbeerblatt
2 Karotten, in Scheiben geschnitten
4 Kartoffeln, in Würfel geschnitten

1 Das Fleisch, die Zwiebeln und den Knoblauch zusammen mit den Gewürzen, Salz und Tomatenmark in Butter oder Öl anbraten.

2 Mit Wasser aufgießen, so dass alles bedeckt ist, und das Lorbeerblatt hineinlegen.

3 Zugedeckt kochen lassen, bis das Fleisch schön mürbe ist, ca. 1 1/2 Stunden.

4 Karotten und Kartoffeln hinzufügen und noch ca. 15 Minuten kochen lassen oder bis die Karotten und Kartoffeln weich sind.

Mit saurer Sahne und gutem Brot servieren.

Blumenkohlsuppe

Diese Suppe bringt wirklich das Beste am Blumenkohl zur Geltung. Sie hat eine herrlich weiche Konsistenz und einen pfeffrigen, ein wenig besonderen Geschmack, ohne dass die Kinder die Nase rümpfen. Sehr lecker! Am besten beim Servieren mit knusprig gebratenem Bacon und roh angebratenem Blumenkohl bestreuen.

500 g Blumenkohl, unbedingt frisch

4 mittelgroße Kartoffeln

2 Knoblauchzehen, gerieben

1 gelbe Zwiebel, fein gehackt

1 EL Rapsöl

1 EL Butter

1 Liter Hühnerbrühe oder Gemüsebrühe

100 ml Weißwein

100 ml Kochsahne

100 g frischer Parmesan, grob gerieben

1 dl frisches Basilikum

eventuell einige Tropfen weißes Trüffelöl

Salz und schwarzer Pfeffer aus der Mühle nach Geschmack

Zitrone

1 Päckchen Bacon

1 Den Blumenkohl in Röschen zerteilen (einige Röschen zum Garnieren aufbewahren).

2 Die Kartoffeln in dünne Scheiben schneiden.

3 Den Knoblauch und die Zwiebeln einige Minuten in Öl und Butter anbraten.

4 Die Kartoffeln und den Blumenkohl hinzufügen und noch ein wenig anbraten.

5 Mit Brühe und Wein ablöschen.

6 Zugedeckt 10 Minuten kochen lassen.

7 Sahne, Parmesan und Basilikum sowie eventuell Trüffelöl hinzufügen.

8 Die Suppe mit einem Stabmixer glatt pürieren.

9 Mit Salz, Zitrone und schwarzem Pfeffer aus der Mühle abschmecken.

10 Den Bacon knusprig braten.

11 Die Blumenkohlröschen in einer Pfanne mit Olivenöl und Salz anbraten.

Die Suppe beim Garnieren mit knusprig gebratenem Bacon und roh angebratenem Blumenkohl bestreuen.

Kartoffelsuppe mit Safran und Fenchel

Mit Geschmack aus Südfrankreich. Haben Sie schon wieder vergessen, Safran zu kaufen? Braten Sie eine fein gehackte Knoblauchzehe mit den Kartoffeln an und schmecken Sie es mit Rosmarin und Zitronensaft ab. Nun haben Sie eine nach Rosmarin duftende Kartoffelsuppe mit Fenchel. Das ist auch lecker.

4 Kartoffeln, in Scheiben geschnitten.

2 gelbe Zwiebeln, fein gehackt

1 Knoblauchzehe, gerieben

2 Fenchelknollen, fein gehackt

1/2 Päckchen Safran

2 EL Olivenöl

3 EL Tomatenmark

1 TL Rosmarin

1 l Gemüsebrühe

50 ml Weißwein

200 g Crème fraîche oder Kochsahne

1. Kartoffeln, Zwiebeln, Knoblauch, Fenchel und Safran einige Minuten in Olivenöl anbraten.

2. Tomatenmark und Rosmarin hinzufügen und gut umrühren.

3. Mit Brühe und Wein aufgießen und zugedeckt ca. 15 Minuten köcheln lassen.

4. Crème fraîche oder Sahne hinzufügen und ein wenig grob mixen, so dass noch einige Stücke in der Suppe bleiben.

5. Mit Salz abschmecken.

Südeuropäische Bauernsuppe mit Chorizo und Parmesan

In diese Suppe gebe ich Risoni-Nudeln, kleine Nudeln in Reisform. Falls Sie sie im Laden nicht finden, gehen auch kurze oder zerbrochene Spaghetti. Achten Sie genau darauf, die Nudeln nicht zu lange zu kochen. Verkochte Nudeln vermindern den Gesamteindruck ziemlich stark, also kontrollieren Sie, dass die Karotten und die Pastinaken fast fertig sind, bevor Sie die Nudeln dazugeben.

2 Chorizo oder andere würzige Wurst, in Scheiben geschnitten

1 gelbe Zwiebel, fein gehackt

2 Karotten, in kleinere Stücke geschnitten

1 Knoblauchzehe, fein gerieben

1 Pastinake, in kleinere Stücke geschnitten

2 EL Tomatenmark

3 EL Olivenöl

1 Dose gehackte Tomaten

1,2 l Hühnerbrühe

1 1/2 dl Risoni-Nudeln

2–3 EL Pesto

Salz und schwarzer Pfeffer aus der Mühle nach Geschmack

1 dl grob gehackte glatte Petersilie

1 dl grob geriebener Parmesan

1   Wurst, Zwiebel, Karotten, Knoblauch, Pastinake und Tomatenmark einige Minuten in Olivenöl anbraten.

2   Tomaten und Hühnerbrühe hinzufügen.

3   Zugedeckt ca. 10 Minuten kochen lassen.

4   Die Nudeln dazugeben und weitere 10 Minuten kochen lassen (oder so lange die Nudeln laut Verpackung kochen sollen).

5   Mit Pesto, Salz und schwarzem Pfeffer abschmecken.

Die Suppe mit Petersilie, Parmesan und frisch gebackenem Brot (S. 180) servieren.

Andalusische Gemüsesuppe mit Kichererbsen und Tomaten

Es geht ziemlich schnell, diese geschmacksreiche und sättigende Suppe zu kochen. Wenn Gemüse bei den Kindern nicht gut ankommt, kann man die Suppe mit einem Stabmixer glatt pürieren. Ansonsten ist es sowohl lecker als auch hübsch, wenn ein paar Stücke übrig sind.

1 gelbe Zwiebel, fein gehackt

2 Knoblauchzehen, fein gerieben

2 Dosen Kichererbsen

2 TL gemahlener Kreuzkümmel

1 TL Paprikapulver

3 EL Olivenöl

2 EL Tomatenmark

4 frische Tomaten, in Würfel geschnitten

1 EL Honig

1 EL Salz

400 ml Gemüsebrühe

Saft einer halben Zitrone

1 Bund Basilikum

1. Zwiebel und Knoblauch mit Kichererbsen und Gewürzen bei mittlerer Hitze ungefähr 5 Minuten in Olivenöl anbraten.

2. Tomatenmark, frische Tomaten, Honig und etwas Salz hinzufügen.

3. Mit Gemüsebrühe und Zitronensaft aufgießen.

4. Zugedeckt ca. 15 Minuten köcheln lassen.

5. Basilikum dazugeben und die Suppe oberflächlich pürieren, so dass ein Teil der Kichererbsen ganz bleibt.

6. Mit Salz und Zitrone abschmecken.

Mit gutem Brot, kräftigem Hartkäse, Radieschen und Paprikastücken servieren.

Kartoffel-Lauch-Suppe mit Parmesan und Basilikum. Und warme belegte Brote!

Dies ist eine Suppe, die in den allermeisten Familien oft wiederkehrt. Als ich klein war, haben wir mindestens einmal in der Woche Kartoffel-Lauch-Suppe gegessen. Und ich kann meine Eltern wirklich verstehen. Wir Kinder haben die Suppe geliebt, und sie war günstig in der Zubereitung. Das Gericht meiner Kindheit war eine klare Suppe mit ganzen Kartoffel- und Lauchstücken. Heutzutage mache ich am liebsten eine passierte Variante, in der Basilikum und Parmesan dabei sein und den Geschmack zusätzlich heben dürfen. Aber das heimelige Gefühl, dass mich erfüllt, wenn ich die Suppe esse, ist heute noch dasselbe wie damals, als ich klein war.

6 mittelgroße geschälte mehlige Kartoffeln

2 Stangen Lauch

1 Knoblauchzehe, fein gerieben

2 EL getrocknete Kräuter der Provence

1 EL Olivenöl

1 l Gemüsebrühe

100 ml Sahne oder Crème Fraiche

1/2 dl frischer Parmesan, fein gerieben

1/2 dl frisches Basilikum, fein gehackt

1 Die Kartoffeln in sehr dünne Scheiben schneiden und den Lauch fein hacken.

2 Einige Minuten zusammen mit Knoblauch und Kräutern der Provence in Öl anbraten.

3 Die Hälfte der Brühe dazugießen.

4 Ca. 30 Minuten kochen lassen oder bis die Kartoffeln richtig weich sind. Mit einem Schneebesen kräftig schlagen.

5 Mit dem Rest der Brühe zur gewünschten Konsistenz verdünnen.

6 Mit Sahne oder Crème fraîche, Parmesan und Basilikum abschmecken.

 Tipp

Statt Parmesan 100 g zerkrümelten Schimmelkäse und eine Handvoll gefrorenen Blattspinat verwenden. Will man variieren, kann man beim Brotbelag Schinken, Paprika und Oregano durch Ziegenkäse, Tomate und Honig austauschen.

Warme belegte Brote

4 Scheiben gutes helles Brot

4 Scheiben Schinken

1 Paprika in Scheiben

Käse

getrockneter Oregano

Die belegten Brote im Ofen bei 225 °C backen, bis sie eine hübsche Farbe bekommen haben.

Fabians geröstete Kürbissuppe

Dieses Rezept habe ich von einem Freund bekommen, der die Suppe zum
3. Geburtstag seines Sohnes serviert hat. Kaufen Sie einen Butternut-Kürbis.
Der schmeckt am besten!

4–6 PERSONEN

*1 großer Butternut-Kürbis
(ca. 1 kg)*

2 EL Olivenöl

Salz

Pfeffer

3 Knoblauchzehen

2 Schalotten

2 EL Butter

1 große Pastinake

3 mittelgroße Kartoffeln

800 ml Wasser

2 Würfel Hühnerbrühe

100 ml Weißwein

150 ml Sahne

Thymian

1 Den Ofen auf 225 °C vorheizen.

2 Den Kürbis teilen und von den Kernen
befreien. Die harte Schale mit einem
Kartoffelschäler oder einem großen
scharfen Messer abschälen.

3 Den Kürbis in „kartoffelspaltengroße"
Stücke schneiden.

4 Die Kürbisstücke in einer ofenfesten Form
in Olivenöl, Salz und Pfeffer wenden.

5 Die Stücke im Ofen ca. 25 Minuten rösten.
Nach der Hälfte der Zeit die Knoblauchzehen dazulegen (sie dürfen nicht
verbrennen).

6 Die Schalotten fein hacken und 5 Minuten
bei schwacher Hitze in einem großen Topf
in Butter anbraten.

7 Die Pastinake und die Kartoffeln schälen
und in kleinere Stücke schneiden.

8 Pastinake und Kartoffeln in den Topf
geben und umrühren.

9 So viel Wasser dazugießen, dass das
Gemüse bedeckt ist, und ca. 15 Minuten
weich kochen.

10 Brühwürfel und Weißwein hinzufügen.

11 Den gerösteten Kürbis und den Knoblauch
dazugeben und alles mit einem Stabmixer
pürieren.

12 Die Sahne und eventuell mehr Wasser
hinzufügen, bis die Konsistenz richtig ist.

13 Mit Salz, Pfeffer und ein wenig Thymian
abschmecken.

Als Pfiff kann man rote Chiliflocken mit dem
Kürbis und dem Knoblauch rösten.

Pfannkuchen

Natürlich gibt's nach der Suppe Pfannkuchen!

2 Eier
600 ml Milch
2 1/2–3 dl Weizenmehl
1/2 TL Salz
1 EL zerlassene Butter

1 Die Eier und die Hälfte der Milch mit einem Schneebesen verschlagen.

2 Mehl und Salz dazugeben und den Teig glatt rühren.

3 Die restliche Milch und die zerlassene Butter hinzufügen.

4 Eine Pfannkuchenpfanne erhitzen und mit etwas Butter einfetten.

5 Eine dünne Schicht Teig in die Pfanne gießen. Dabei 100 ml für einen Pfannkuchen berechnen.

6 Die Pfannkuchen auf beiden Seiten goldbraun backen.

Die Pfannkuchen falten oder rollen, wenn sie fertig gebacken sind, und auf warme Teller legen.

Grüne Erbsensuppe

Dieses Gericht ist unglaublich schnell zubereitet und passt ganz besonders gut, wenn die ganze Familie müde ist und etwas braucht, das Kraft und Geborgenheit gibt.

1 kleine gelbe Zwiebel, fein gehackt

2 Knoblauchzehen, in Scheiben geschnitten

2 EL Butter

700–800 ml Wasser

1 Paket tiefgefrorene Erbsen, 400 g

2 Würfel Gemüsebrühe

1/2 EL Weißweinessig oder Zitronensaft

2 TL Sambal Oelek

100 ml Schlagsahne

1. Die Zwiebel und den Knoblauch in einem Topf in Butter anbraten, so dass sie weich werden, aber keine Farbe bekommen.
2. Wasser, Erbsen, Brühwürfel, Essig und Sambal Oelek dazugeben und aufkochen lassen.
3. Die Herdplatte ausschalten und zugedeckt 5 Minuten stehen lassen.
4. Die Sahne hinzufügen und mit dem Stabmixer glatt pürieren.
5. Mit Salz und eventuell noch etwas Weißweinessig abschmecken.

Mit warmen belegten Broten mit frischen Tomaten, Ziegenkäse und Honig servieren.

Thaisuppe mit Linsen und Spinat

Hier kann man die Schärfe regulieren, indem man nur sehr wenig Sweet Chili-Soße nimmt. Uns schmecken die Linsen am besten, wenn sie noch ein wenig al dente sind.

1/2 gelbe Zwiebel, fein gehackt

2 EL frischer Ingwer, in Scheiben

2 Knoblauchzehen, in Scheiben

1 TL Curry

2 EL Olivenöl

1 Dose Kokosmilch

700 ml Gemüsebrühe

100 g tiefgefrorener Spinat

1 dl rote Linsen

50 ml Sweet Chili-Soße

Saft einer frischen Limette

Salz

1. Zwiebel, Ingwer, Knoblauch und Curry bei mittlerer Hitze ca. 5 Minuten in Olivenöl anbraten.
2. Kokosmilch und Gemüsebrühe hinzufügen und aufkochen lassen.
3. Die Temperatur reduzieren und 5 Minuten köcheln lassen.
4. Spinat, Linsen und Sweet Chili-Soße dazugeben, aufkochen lassen und ca. 5 Minuten kochen.
5. Mit Limettensaft und Salz abschmecken.

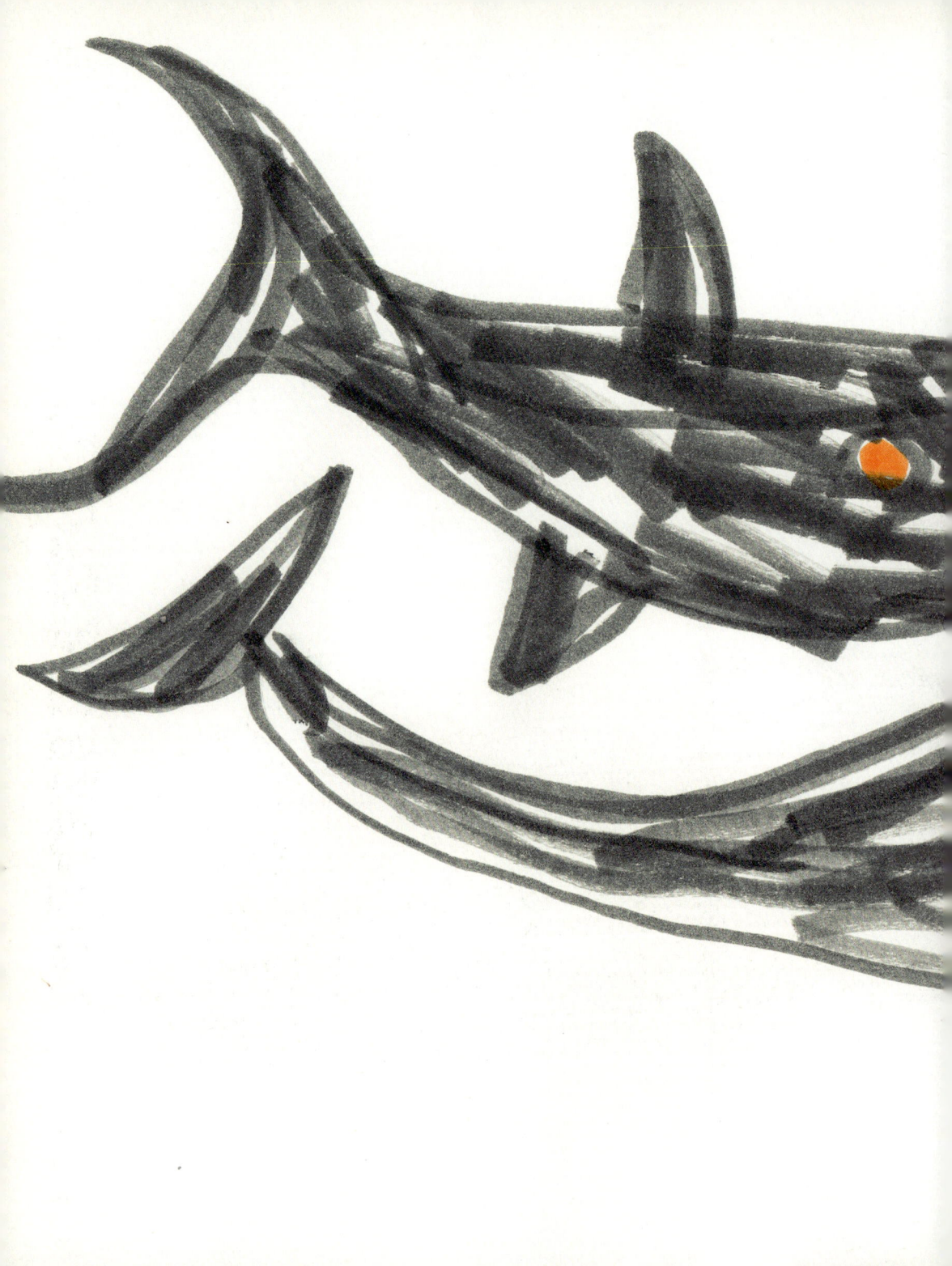

Dienstags Fisch

Fisch ist lecker

Kleine Kinder mögen Fisch. Ja, ich wage es, das so generell zu sagen: Fisch ist weich, mild und leicht zu kauen. Er schmeckt lecker mit Butter und Kartoffeln und einem belegten Knäckebrot. Oft ist es einfacher, Kinder dazu zu bewegen, Fisch zu essen, als zum Beispiel Fleischgerichte oder exotische Würste.

Wenn Sie frischen Fisch kaufen, passen Sie gut auf, dass er auch einen wirklich frischen Eindruck macht, der Fisch soll gut riechen. Und bereiten Sie ihn nie zu lange zu. Fisch wird leicht trocken, faserig und geistlos, wenn er nur ein paar Minuten zu lange erhitzt wird.

In letzter Zeit ist das Thema Fisch im Hinblick auf die Umwelt immer mehr aufgeladen geworden. Weißer Fisch, bei dem man ein gutes Gefühl hat, kann schwer zu bekommen sein, aber wenn man einigen einfachen Empfehlungen folgt, ist es kein Problem. Achten Sie auf die MSC- oder Naturlandsiegel. Sie zeichnen die Produkte aus, bei denen auf Nachhaltigkeit der Fischerei geachtet wurde, so dass die Vielfalt der Meere bewahrt wird. Es gibt auch eine Liste mit Fischarten, die man ohne Bedenken kaufen kann, wie unter anderem Alaska-Seelachs, Flussbarsch, Weißer Thunfisch und Hering.

Einer meiner Brüder arbeitet manchmal an einer klassischen Fischtheke. Hier liegen Seeteufel, Steinbutt und Saibling auf Eis aufgereiht neben Austern und großen Hummern. Ich empfehle wirklich allen, die die Möglichkeit dazu haben, irgendwann mit den Kindern einen Besuch in einem Fischgeschäft zu machen. Die Fische hinter dem frisch geputzten Glas aufgereiht zu sehen, weckt die Neugierde (manchmal ist es sogar ein bisschen gruselig), und die Gerüche wecken die Freude am Essen. Dann eilt man nach Hause, mit einer schweren Tasche, um gemeinsam den Fisch zu putzen, zuzubereiten und zu essen.

Fisch mit gehackten Eiern, Petersiliensoße und Kartoffeln

„Das ist ja das reinste Rentnergericht", würde mein Vater sagen. Na klar! Rentner und Kinder mögen das sehr gerne. Und ich.
Dieses Rezept steht in vielen Kochbüchern. Alle haben ihre Variante. Hier kommt meine.

600 g Fischfilet, Seelachs, Schellfisch oder Hoki

1 TL Salz

Schwarzer Pfeffer aus der Mühle

Saft einer halben Zitrone

2 EL Butter

2 EL Weizenmehl

150 ml Fischbrühe

100 ml Sahne

100 ml Weißwein

Salz

1 Prise Zucker

Weißer Pfeffer aus der Mühle

3 hartgekochte Eier

1 Bund Schnittlauch, fein gehackt

1. Den Ofen auf 200 °C vorheizen.
2. Den Fisch in kleinere Stücke teilen.
3. Salzen, pfeffern und die Zitrone darüberpressen.
4. Eine Mehlschwitze zubereiten, indem man die Butter schmelzen lässt, das Mehl darüberstreut und gut umrührt. Mit Fischbrühe aufgießen und mindestens 3 Minuten kochen lassen.
5. Sahne und Wein hinzufügen und ca. 3 Minuten kochen.
6. Mit Salz, Zucker, weißem Pfeffer und eventuell etwas Zitronensaft abschmecken.
7. Den Fisch in eine ofenfeste Form legen und die Soße darübergießen. Für ca. 10–15 Minuten in den Ofen stellen oder bis der Fisch fertig ist (der Fisch ist fertig, wenn das Fleisch weiß ist).
8. Die Eier hacken, mit dem Schnittlauch mischen und die Mischung über den Fisch streuen.

Mit gekochten Kartoffeln, grünen Erbsen, zerlassener Butter und einer Scheibe Zitrone servieren.

Gebratener Hering mit Kartoffeln und Preiselbeeren

Der Hering ist einer der billigsten Fische, den man finden kann. Und er ist so lecker! Bleibt etwas übrig, kann man es bis zum nächsten Tag aufheben und als Zwischenmahlzeit auf Knäckebrot servieren.

Wenn man die Rückenflosse vor dem Braten herauszieht, hat man nicht das Gefühl, dass Gräten im Fisch sind.

600 g Heringsfilets
1 dl gehackter Dill oder
  Petersilie, frisch
1 1/2 TL Salz
1 1/2 dl Semmelbrösel oder
  Roggenmehl
ca. 3 EL Butter zum Braten

1 Die Filets kurz abspülen und gut abtropfen lassen.

2 Die Filets mit der Hautseite nach unten legen und die Fleischseite leicht salzen.

3 Die Fische paarweise aufeinanderlegen, mit gehacktem Dill oder Petersilie dazwischen.

4 Das Salz mit den Semmelbröseln oder dem Roggenmehl mischen und die Fische darin wenden.

5 Eine Pfanne erhitzen und die Heringe bei mittlerer Hitze 3–4 Minuten pro Seite in Butter braten.

Mit Preiselbeeren (Seite 77) und gekochten Kartoffeln oder Kartoffelbrei (Seite 176) servieren.

Zart gebackener Fisch mit Käse

Cheddar-Käse vereint sich in diesem Gericht sehr schön mit dem Fisch. Wenn man einen milderen Käse vorzieht, geht das auch, aber wählen Sie einen relativ fetten Käse.

500–600g weißer Fisch, Seelachs, Schellfisch oder Hoki, frisch oder aufgetaut

1 TL Salz

1/2 ausgepresste Zitrone

2–3 EL Wasser

1 kleine gelbe Zwiebel, fein gehackt

1 TL Paprikapulver

1 dl gehackter Dill

1 dl Semmelbrösel

2 dl grob geriebener Cheddar-Käse

100 g zerlassene Butter

1 Den Ofen auf 225 °C vorheizen.

2 Den Fisch in kleinere Portionen teilen. In eine ofenfeste Form legen, Salz, Zitrone und Wasser darübergeben und mit Aluminiumfolie bedecken.

3 10 Minuten im Ofen backen.

4 Zwiebel, Paprikapulver, gehackten Dill, Semmelbrösel und Käse unter die zerlassene Butter mischen. Die Käsemischung auf dem Fisch verteilen.

5 Im Ofen bei 225 °C weitere 10 Minuten gratinieren.

Mit gekochten Kartoffeln oder Kartoffelbrei (Seite 176), in Butter geschwenkten grünen Bohnen und fein geriebenen, mit Zitronensaft abgeschmeckten Karotten servieren.

Gebackener Fisch mit Tomatencreme und frischer Pasta

Man möchte es vielleicht nicht glauben, aber fast alle Kinder mögen weißen Fisch aus dem Ofen. Hier ist eine Variante, die mit frischen Tagliatelle serviert wird.

600 g weißer Fisch

10 Kirschtomaten, halbiert

1/2 rote Zwiebel, fein gehackt

150 g Crème fraîche

1 Eigelb

2 EL grob gehacktes Basilikum

2 EL Olivenöl

Schwarzer Pfeffer aus der Mühle

1 Den Ofen auf 225 °C vorheizen.

2 Den Fisch leicht salzen und in eine ofenfeste Form legen.

3 Tomaten mit roter Zwiebel, Crème fraîche, Eigelb, Basilikum und Olivenöl mischen, mit Salz und schwarzem Pfeffer aus der Mühle abschmecken.

4 Die Tomatenmischung über den Fisch geben.

5 Im Ofen ca. 20 Minuten backen.

Fisch mit Blauschimmelkäse und Broccoli

Manchmal ist es schön, ein Gericht in petto zu haben, das richtig leicht zuzubereiten ist, so wie dieses hier. Ziemlich überrascht habe ich festgestellt, dass Kinder Blauschimmelkäse lieben. Geröstete Walnüsse erhöhen das Geschmackserlebnis noch, wenn es keine Nussallergiker in der Familie gibt.

Butter zum Ausfetten der Form
600 g weißes Fischfilet
1 TL Salz
200 g Kochsahne
2 dl geriebener Blauschimmelkäse
1 dl geröstete Walnüsse

1 Den Ofen auf 225 °C vorheizen und eine ofenfeste Form einfetten.

2 Den frischen oder aufgetauten Fisch in kleinere Stücke zerteilen, in die Form legen und salzen.

3 Die Sahne mit dem Blauschimmelkäse mischen, über den Fisch gießen und im Ofen ca. 15 Minuten backen, bis der Fisch fertig ist.

Mit frisch gekochtem Broccoli, der ruhig al dente sein darf, und gekochten Kartoffeln servieren.

Beim Servieren die Walnüsse über den Fisch streuen.

Gratinierte Scholle mit Weißweinsoße, Krabben und Croûtons

Weißer Fisch aus dem Ofen kommt bei fast allen Kindern, die ich kenne, gut an. Zu diesem Gratin serviere ich Brotcroûtons, die wunderbar dazu schmecken. Also geizen Sie nicht mit den Croûtons und machen Sie lieber zu viele als zu wenige.

500 g Schollenfilet, frisch oder aufgetaut	**1** Den Ofen auf 225 °C vorheizen.
Saft einer Zitrone	**2** Die Filets salzen, die Zitrone darüberpressen, zusammenrollen und in eine ofenfeste Form legen.
2 EL Butter	
2 EL Weizenmehl	
50 ml Fischbrühe	**3** Eine Mehlschwitze herstellen, indem man die Butter im Topf schmelzen lässt, das Mehl mit einem Schneebesen hineinrührt und Brühe und Wein hinzufügt.
100 ml Weißwein	
300 ml Schlagsahne	
1 TL Salz	**4** 3 Minuten kochen lassen.
1/2 dl fein geriebener Parmesan	**5** Die Sahne dazugeben.
1 dl geschälte Krabben	**6** Mit Salz abschmecken.
2 EL fein gehackter Dill	**7** Die Soße über die Filets gießen und den Parmesan darüberstreuen.
	8 Im Ofen ca. 15 Minuten backen.
	9 Die Krabben und den Dill darüberstreuen.

Croûtons

4 Scheiben weißes Kastenbrot	**1** Das Brot von den Rändern befreien und in kleine Würfel schneiden.
Butter und Olivenöl zum Braten	
Salz und Pfeffer	**2** Die Butter in einer Bratpfanne schmelzen lassen und ein wenig Olivenöl hinzufügen. Die Croûtons braten, bis sie eine hübsche Farbe haben, salzen und pfeffern.

Mit Kartoffelstampf, geriebenen Karotten oder Apfel-Karotten-Salat (Seite 172) servieren.

Gebackener Lachs mit Kräutercreme und gekochten Kartoffeln

Ein wunderbar einfaches Gericht mit guten und natürlichen Zutaten!

600 g frisches Lachsfilet ohne Haut und Gräten

Saft einer Zitrone

2 EL Olivenöl

2 TL grobes Salz

1 Den Ofen auf 175 °C vorheizen.

2 Den Lachs in eine ofenfeste Form legen. Mit Zitronensaft und Olivenöl beträufeln und mit Salz bestreuen.

3 Im Ofen 15–20 Minuten backen.

Kräutercreme

1 dl frisches Basilikum oder andere Kräutersorte nach Wahl, z. B. glatte Petersilie, Thymian, Oregano

200 g Joghurt

1–2 EL Apfelessig oder Zitronensaft

Salz und Pfeffer

1 Die Kräuter mit 3 EL Joghurt vermischen.

2 In den Rest des Joghurts einrühren und mit Apfelessig oder Zitronensaft, Salz und Pfeffer abschmecken.

Mit kalter Kräutercreme, gekochten Kartoffeln und einer Zitronenspalte servieren. Unglaublich lecker! Wenn man leicht gekochten Broccoli, Zuckererbsen oder grüne Bohnen dazu serviert, wird das Gericht noch besser.

Rote Thunfischsoße für Pasta

Der Thunfisch braucht nicht in der Soße mitzuköcheln, das macht ihn nur trocken und langweilig. Bereiten Sie zuerst die leckere Soße zu und geben Sie den Thunfisch ganz zum Schluss dazu.

50 ml Olivenöl

1 rote Zwiebel, fein gehackt

1 Knoblauchzehe, in Scheiben geschnitten

3 EL Tomatenmark

2 EL getrocknete Kräuter der Provence

1 TL Paprikapulver

1 Dose gehackte Tomaten, 400 g

1 dl grob geriebener Knollensellerie

2 grob geriebene Rote Beten

2 EL Honig

1 Lorbeerblatt

Salz, Kräutersalz oder Brühe

2 Dosen Thunfisch

1 Zucchini, grob gerieben

100 g Crème fraîche

1 Olivenöl in einem Topf mit dickem Boden erhitzen und rote Zwiebel, Knoblauch, Tomatenmark, Kräuter und Paprikapulver einige Minuten anbraten.

2 Pizzatomaten, Sellerie, Rote Beten, Honig, Lorbeerblatt und Brühe oder Salz hinzufügen.

3 Ungefähr 30 Minuten köcheln lassen.

4 Thunfisch, Zucchini und Crème fraîche hinzufügen.

5 Mit einem Stabmixer glatt pürieren.

Mit frisch gekochter Pasta und frisch geriebenem Parmesan servieren.

Fischeintopf alla puttanesca

Eine klassische italienische Tomatensoße ist hier die Basis für den Fischeintopf.
Wenn Ihre Familie scharfes Essen gewöhnt ist, geben Sie ein wenig Chili in die Soße.

Puttanesca-Soße

2 Knoblauchzehen, fein gehackt

50 ml Olivenöl

2 Dosen geschälte Tomaten

1 TL getrockneter Oregano

*(Achtung – wenn Sie es scharf
mögen!) 1 fein gehackte rote
Chili*

1/2 TL Salz

*1 dl mit Paprika gefüllte grüne
Oliven*

2 EL Kapern

8 Sardellen, fein gehackt

Schwarzer Pfeffer aus der Mühle

700 g Fischfilet

4 EL fein gehackte Petersilie

1 Den Knoblauch in Olivenöl bei niedriger Hitze anbraten, bis er goldgelb wird. (Aufpassen: Knoblauch wechselt die Farbe von einer Sekunde auf die andere von Goldbraun zu Kohlschwarz.)

2 Die Hitze auf mittlere Temperatur erhöhen und Tomaten, Oregano, Chili und Salz hinzufügen.

3 Ca. 10 Minuten kochen lassen.

4 Oliven, Kapern und Sardellen hinzufügen.

5 Eventuell mit Salz und schwarzem Pfeffer abschmecken.

6 Den Fisch in kleinere Portionen zerteilen und in die Soße legen.

7 Den Deckel schließen. Die Filets ca. 10 Minuten in der Soße köcheln lassen. Nach der Hälfte der Zeit wenden.

8 Die Petersilie darüberstreuen.

Mit frisch gekochter Pasta und frisch
geriebenem Parmesan servieren.

Lachsspieß mit Bulgursalat und Joghurt

Essen an einem Spieß zuzubereiten ist eine einfache Art, es ein bisschen spannender zu machen. In den Bulgursalat kann man absolut alles mischen, was man mag. Es macht Freude, wenn das Gericht auch ein Schmaus für die Augen ist, wie z. B. mit den Himbeeren. Lassen Sie Ihrer Fantasie freien Lauf und gehen Sie von Saison und Laune aus.

600 g Lachsfilet
1 TL Salz
2 EL Olivenöl
Saft einer halben Zitrone

8 Holzspieße

1 Den Ofen auf 225 °C vorheizen.
2 Den Lachs von der Haut befreien und das Fleisch in Streifen schneiden, die auf die Spieße gesteckt werden.
3 Salzen und Olivenöl und Zitronensaft darübergießen.
4 Den Lachs im Ofen ca. 10 Minuten backen.

2 dl Bulgur
1 dl frische Himbeeren
1/2 dl frische Kirschen
1 Beutel frischer Spinat

1 Den Bulgur kochen (gemäß der Anleitung auf der Packung), mit Himbeeren, Kirschen und Spinat mischen.
2 Eventuell noch etwas Olivenöl und Zitronensaft hinzufügen.

100 g Joghurt
Geriebene Schale einer halben Zitrone
Salz und schwarzer Pfeffer aus der Mühle

1 Die Zutaten zu einer Soße zusammenrühren.
Fertig!

Gebackener Lachs mit Pastinakensoße und Bulgur

Lachs mögen Kinder von allen Fischen offenbar am liebsten. Aber er soll so einfach wie möglich zubereitet werden: Einmal habe ich im Kindergarten ein Gericht mit Käse-Pesto auf Lachsfilet gekocht. Das Personal fand es hervorragend, aber die Kinder haben misstrauisch das gute Pesto vom Lachs heruntergekratzt.
Dies ist auf jeden Fall ein Gericht, das sowohl Erwachsene als auch Kinder mögen!

600 g Lachsfilet
1/2 TL Salz
2 EL Olivenöl
Saft einer halben Zitrone

1. Den Fisch salzen und Olivenöl und Zitrone darübergießen.
2. Im Ofen bei 200 °C ca. 15 Minuten backen.

Pastinakensoße

1 gelbe Zwiebel, gehackt
1 große Pastinake, grob gerieben
2 EL Olivenöl
200 ml Gemüsebrühe
100 g Crème fraîche
1 dl frisches Basilikum
Salz
eventuell ausgepresste Zitrone

1. Die Zwiebel und die Pastinake einige Minuten in Öl anbraten.
2. Mit der Brühe aufgießen und 10 Minuten kochen.
3. Crème fraîche und Basilikum dazugeben.
4. Glatt pürieren und mit Salz und eventuell ausgepresster Zitrone abschmecken.

Mit Bulgur (Seite 160), Tomatensalat, roten Kidneybohnen und Avocado servieren.

Lachsfrikadellen

Lachsfrikadellen kann man auf viele unterschiedliche Arten servieren. Meine eigenen Kinder freuen sich besonders, wenn ich sie als Hamburger anrichte.

2 mittelgroße gekochte Kartoffeln

1 l Wasser

1 Würfel Fischbrühe

500 g haut- und grätenfreies Lachsfilet

1 Bio-Ei

2 TL Dijon-Senf

1 dl fein gehackte glatte Petersilie

2 EL ausgepresste Zitrone

1 EL Olivenöl und mehr zum Braten

1 TL Salz

Schwarzer Pfeffer aus der Mühle

1 EL Weizenmehl

1 Die Kartoffeln schälen und in kleinere Stücke zerteilen.

2 Das Wasser mit dem Brühwürfel in einem großen, weiten Topf aufkochen.

3 Den Lachs hineinlegen, den Topf sofort von der Platte nehmen und auf ein Holzbrett stellen.

4 Kartoffeln und Lachs abkühlen lassen.

5 Die Kartoffeln mit einer Gabel zerdrücken und in eine Schüssel geben.

6 Den Lachs mit den Händen in kleine Stücke zerteilen.

7 Ei, Dijon-Senf, Petersilie, Zitrone, Olivenöl, Salz und schwarzen Pfeffer dazugeben.

8 Die Masse zu 8–10 Frikadellen formen.

9 Weizenmehl darüberstäuben und in Olivenöl auf jeder Seite 3–4 Minuten braten.

Mit gekochten Kartoffeln und kalter saurer Sahnesoße (Seite 144)
oder mit frischen Tagliatelle und Tomatensoße (Seite 179)
oder als Hamburger servieren. Dazu das Portionsbrot (Seite 180) reichen.
Mit Salatblatt, Gurkenscheiben, roten Zwiebelringen und Kräutercreme (Seite 51)
servieren.

Jesper Juul

Die gute Mahlzeit

Das Essen, das wir kaufen, zubereiten und mit der Familie essen, ist das vielleicht stärkste Symbol für Liebe, das es in unserer Kultur gibt. Egal, ob wir essen, um zu leben, oder leben, um zu essen, es ist die Stimmung, der Ton und die Atmosphäre während der Mahlzeiten, an die wir uns erinnern. Genau deshalb ist es fast allen Eltern von Kleinkindern so wichtig, dass die gesamte Mahlzeit gut wird. Zusammenhalt, Gemeinschaft und Wohlbefinden zeigt uns, dass die Familie gut funktioniert.

Die optimale Mahlzeit beginnt bereits, wenn wir das Essen kaufen, zubereiten und den Tisch decken, und erreicht ihren Höhepunkt, während wir essen. Es geht um Gedanken, Gefühle und die Freude, etwas zu geben und zu teilen – zusammen zu sein.

Alle Mahlzeiten können nicht optimal sein, aber es reicht, wenn es einem gelingt, hier und da ein richtig geglücktes gemeinsames Essen zustande zu kriegen. Das Wichtigste ist, dass wir unsere Erwartungen daran anpassen, wie sehr wir uns angestrengt haben. Je mehr Zeit wir zum Planen, Einkaufen und Kochen haben, desto mehr bekommen wir als gute Stimmung zurück. Natürlich passiert es, dass es manchmal nur eine Tiefkühlpizza gibt, die stehend mit einem Telefon zwischen Schulter und Ohr geklemmt gegessen wird.

Die Traditionen und die Kultur einer Familie generieren sich aus den Erinnerungen, die beide Erwachsene aus den Familien, in denen sie aufgewachsen sind, mitbringen. Die Freude des jungen Paares, füreinander zu kochen, und die Nähe und Vertrautheit der Mahlzeiten sind die ersten Bausteine, und sie werden allmählich durch Besuche von und bei Verwandten und guten Freunden ergänzt. Nicht selten wird eine dieser Mahlzeiten das Vorspiel für die Entstehung des ersten Kindes, und plötzlich wird das Essen, das die schwangere Frau zu sich nimmt, in konkretem Sinn ein Ausdruck der Liebe und Fürsorge für das ungeborene Kind.

Egal, ob die Mutter ihr Kind stillt oder es mit dem Fläschchen füttert, es sind die vielen täglichen Mahlzeiten wichtig für ihr Selbstverständnis, eine gute Mutter zu sein. Der Vater muss sich damit abfinden, während der ersten Monate eine Spur überflüssig zu sein, aber er hat dafür die Möglichkeit, die Mahlzeiten des Paares zuzubereiten, und kann auf diese Weise dazu beitragen, dass sich nicht plötzlich alles nur um die Bedürfnisse und das Wohlbefinden des Kindes dreht.

Wie die Kinder die Mahlzeiten erleben, beschränkt sich nicht auf die Nähe zur Mutter, wenn sie selbst essen. Auch die Laute aus der Küche und die Stimmung zwischen den Eltern nimmt das Kind auf und dadurch auch die Gefühle, die die Erwachsenen füreinander haben. Wenn eine liebevolle Atmosphäre herrscht, kann sich das Kind entspannen, ist die Stimmung disharmonisch, wird es unruhig. Beide Erlebnisse gehören zum Leben in einer Familie. Es gibt keinen Grund dafür, krampfhaft an einer erzwungenen Harmonie festzuhalten. Die guten Mahlzeiten spiegeln immer die wirklichen Gefühle der Familienmitglieder füreinander wider – hier und jetzt.

Während der folgenden 15 bis 20 Jahre ändern die gemeinsamen Mahlzeiten in regelmäßigen Abständen ihren Charakter. Wie oft sie stattfinden, hängt von der Arbeit der Erwachsenen und der Schule und den Freizeitaktivitäten der Kinder ab, aber damit sich alle wohlfühlen, zeigt die Erfahrung, dass mindestens zwei bis drei gemeinsame Mahlzeiten in der Woche wichtig sind.

Die Mahlzeit als Symbol der Liebe ist genauso kompliziert wie diese. Eine Mahlzeit hat Bestandteile, die notwendig sind, um sie erinnernswert zu machen, und sie hat Bestandteile, die sie zerstören können: Schlendrian, Eile und Mangel an Engagement.

Geschwister müssen ihre Hierarchie untereinander täglich justieren und wieder erneuern, und je mehr Zeit jeder für sich mit unterschiedlichen sozialen Aktivitäten verbringt, desto mehr Konflikte spielen sich notwendigerweise am Tisch ab. Das kann störend wirken, aber je entspannter die Eltern damit umgehen, desto schneller ist es geklärt. Das erfordert genau wie viele andere Situationen eine kompetente Leitung, also Eltern, die zu akzeptieren bereit sind, dass die Familie ist, wie sie ist, und nicht immer ihre Träume und Erwartungen erfüllt.

Ein Teil der Gemeinschaft

Lange Zeit waren die Kinder das Zentrum des Familienlebens, und das vielleicht besonders am Esstisch, wo besonders engagierte und liebevolle Eltern das arme Kind buchstäblich anstarrten, während es aß. Wenn man im Zentrum steht, ist man einsam, und deshalb ist es wichtig, diese übertriebene Aufmerksamkeit zu vermeiden – ganz egal, ob sie auf einem Willen zur Kontrolle beruht oder Ausdruck für Liebe und Bewunderung ist.

Die Kinder müssen wieder ein untrennbarer Teil der Gemeinschaft werden. Je mehr sie im Zentrum stehen, desto mehr nimmt ihr weniger wünschenswertes Benehmen zu. Treffen Sie stattdessen vor dem Essen eine Übereinkunft über ein Gesprächsthema, die Sie bei Tisch führen. Das ist keine Rückkehr zur Disziplin vergangener Zeiten, die besagt, dass Kinder gesehen, aber nicht gehört werden sollen, sondern schafft eine Atmosphäre, in der Kinder an der Gemeinschaft teilnehmen und deren Spielregeln lernen.

Erziehung

Erziehung kann jede Mahlzeit zerstören! Denken Sie daran, dass Kinder zu 90 Prozent durch das Verhalten der Erwachsenen erzogen werden und nicht durch das, was wir traditionell Erziehung nennen. Wenn das sieben Monate alte Kind mit am Tisch sitzt, lernt es langsam zu essen, wie die Erwachsenen essen – Kinder ahmen mit Begeisterung Erwachsene nach – und ungefähr im Alter von 5 Jahren ist das Kind ein fertig ausgebildeter Teilnehmer bei Tisch. Anleitungen sind in Ordnung, aber Zurechtweisung und Kritik zerstören die Stimmung und betäuben die

Geschmacksknospen. So werden die Kinder schnell alles tun, was sie können, um zu vermeiden, mit den Erwachsenen am Tisch zu sitzen.

Essenssituation

Auch hier sind die Erwachsenen Vorbilder und Wegweiser. Schalten Sie daher den Fernseher, die Handys und das Laptop aus und sollte jemand auf dem Festnetztelefon anrufen, bitten Sie ihn, später noch einmal anzurufen. Verlangen Sie nicht von Kindern, die das Schulalter noch nicht erreicht haben, dass sie sitzen bleiben sollen, bis alle fertig gegessen haben, aber lassen Sie sie auch nicht die Erwachsenen vom Tisch weglocken. Lassen Sie das Kind seinen Weg gehen und konzentrieren Sie sich aufeinander – dann kommt das Kind zurück. Es ist die Aufgabe der Erwachsenen, eine warme Stimmung zu schaffen, von der das Kind sich angezogen fühlt.

Ein Werbeslogan aus meiner Kindheit, der sich in meine Erinnerung eingebrannt hat, hieß: „Machen Sie jedes Essen zu einem Festessen!" (Es war eine Werbung für Mayonnaise aus der Tube!) Decken Sie den Tisch schön mit Decke, Servietten und Kerzen, auch an den Wochentagen, aber passen Sie auf, dass nicht viele Sachen um den Platz des Kindes herumliegen. Es lohnt sich auf Dauer. Die Gefühle und Stimmungen zwischen den Familienmitgliedern wechseln ständig, und so soll es auch sein. Ein Leben ohne gefühlsmäßige Schwankungen ist künstlich. Probieren Sie das Essen und sagen Sie, was Sie wirklich denken. Nur so lernen die Kinder, ihre Geschmackserlebnisse auszudrücken – nicht indem man sie darüber ausfragt.

Die Lust der Gemeinschaft

Wenn die 3-jährige Tochter des Hauses unbedingt beim Kochen mitmachen will, liegt das selten daran, dass es sie wirklich interessiert, wie man kocht. Sie liebt es, Teil der Gemeinschaft zu sein, und der Wunsch, den sie äußert, ist schlicht eine Liebeserklärung an den Koch des Tages.

Es ist wichtig, diese Liebe frei fließen zu lassen und sie nicht zu steuern oder zu strukturieren. Irgendwann kann die Tochter die Verantwortung für eine Mahlzeit übernehmen. Sie sollte nicht das größte und schärfste Messer benutzen, sondern mit funktionellen, ihrem Alter entsprechenden Geräten arbeiten. Denken Sie daran, sie zu umarmen und ihr für ihre Hilfe zu danken!

Wählerische Kinder, die nicht essen wollen

Wenn Kinder ihre natürlichen Bedürfnisse nach z. B. Schlaf und Essen nicht befriedigen wollen, stimmt meistens etwas mit den Beziehungen nicht. Es können sowohl kleine als auch große Probleme sein, manchmal fehlt auch einfach etwas. Manche Kinder mögen es nicht, Befehle zu erhalten. Sagt man: „Jetzt essen wir!", antworten sie: „Nein", und je mehr man versucht, zu überzeugen, zu motivieren und zu erklären, desto

schlimmer wird es. Zu diesen Kinder muss man stattdessen sagen: „Das Essen ist jetzt fertig, du kannst gerne kommen und etwas essen, wenn du Hunger hast!" Auch dies wird oft mit einem „Nein" beantwortet, aber haben Sie Geduld – in fünf Minuten kommen sie und essen mit großem Appetit. Es dauert viele Jahre, um zu lernen, zu einer bestimmten Zeit hungrig zu werden, aber wenn die Erwachsenen eine funktionierende Gemeinschaft am Tisch haben, zieht sie die Kinder an wie eine Fliegenfalle.

Die Geschmacksknospen der Kinder sind während der ersten fünf bis sechs Jahre in ständiger Entwicklung. Das Essen, das sie heute noch lieben, mögen sie morgen überhaupt nicht. So ist es nun einmal!

Kinder und Gesundheitsprojekte

Kinder, die sehr heikel sind oder sich zeitweise weigern zu essen, sind oft Kinder, deren Eltern sie in ein Projekt mit hineinziehen. Oft geht es um die Gesundheit: Unser Kind soll Salat und Gemüse essen! Diese Projekte sind leider oft von Diätassistenten und andere Experten inspiriert, die vielleicht eine ganze Menge über Vitamine, Ballaststoffe und Mineralstoffe wissen, aber anscheinend keine Ahnung haben, dass die gefühlsmäßige Nahrungszufuhr gesichert sein muss, bevor man sich damit beschäftigen kann, dass die Kinder gesund essen.

Keinem Menschen gefällt es, das Projekt eines anderen Menschen zu sein. Und Kinder hassen es, weil es sie daran hindert, sich selbst auf die Weise und in dem Takt zu entwickeln, der sich für sie richtig anfühlt. Die natürliche Entwicklung ist, dass die Erwachsenen als Vorbilder fungieren, die die Kinder imitieren, wenn sie dazu bereit sind. Denken Sie daran, dass noch niemand gestorben ist, weil er sich monatelang nur von Spaghetti mit Hackfleischsoße ernährt hat! Die Erwachsenen können die Essgewohnheiten des Kindes zu einem großen Teil dadurch steuern, welches Essen sie einkaufen, aber nicht ganz und gar.

Fisch ist gesund! Aber würden Sie Ihrem erwachsenen besten Freund Fisch servieren, wenn er ihn nicht mag? Vermutlich (hoffentlich!) nicht. Weshalb also seine Kinder schlechter behandeln als seine Freunde? Weil ich keine Verantwortung für die Essgewohnheiten meiner Freunde habe, antworten Sie vielleicht, aber gerade weil Sie die Verantwortung für die Kost Ihrer Kinder haben, lassen Sie ihren Geschmack und ihre Esslust sich in einem Takt entwickeln, der einher geht mit der Entwicklung des Kindes. Alles andere ist Manipulation zu den Bedingungen der Erwachsenen.

Lassen Sie auch heikle Kinder von einem Alter von 3 Jahren an beim Kochen mitmachen. Erzählen Sie, was Sie kochen werden und wieso. Lassen Sie sie von allen Zutaten vor und nach der Zubereitung probieren und akzeptieren Sie, dass es Dinge gibt, die sie nicht mögen. Es ist Ihre Art, mit dem Essen umzugehen und zu zeigen, was Sie mögen, die das Kind annimmt – nicht die rationalen Überlegungen über Gesundheit und Gewicht.

Eine andere häufige Ursache dafür, dass Kinder wählerisch beim Essen sind, ist, dass die Art und Weise der Eltern, ihr Kind zu lieben, vom Kind nicht als liebevoll empfunden wird. Und das ist ja die Kunst der Liebe: seine liebevollen Gefühle in liebevolles Benehmen umzusetzen – ein Benehmen, dass auch der Empfänger als liebevoll empfindet. Eine der wenigen Möglichkeiten des Kindes zu zeigen, dass dies nicht geglückt ist, ist gerade Protest beim Essen und den Mahlzeiten zu Hause. Dasselbe passiert oft, wenn es Konflikte im Verhältnis der Eltern gibt.

Eltern vergessen oft ein wichtiges Detail auf dem Speiseplan der Familie: Wenn die Erwachsenen zusammenziehen, verschwinden einige Gerichte und Nahrungsmittel aus ihren individuellen Speiseplänen, die nun dem Geschmack von beiden angepasst werden. Für jedes neue Familienmitglied muss der Speiseplan wieder geändert werden, und die Eltern müssen bereit sein, zusätzlich zu kochen, wenn sie Lieblingsgerichte der Erwachsenen servieren, von denen sie wissen, dass das Kind sie nicht mag. Kinder müssen nicht unbedingt genauso wie erwachsene gute Freunde behandelt werden, aber mindestens genauso gut.

Die ersten Male, wenn ein Kind den Teller wegschiebt und konstatiert, dass es das Essen nicht mag, handelt man klug, wenn man als Reaktion darauf sagt: „Oh, das ist schade. Gibt es etwas anderes, das du lieber möchtest?" Wenn die Antwort des Kindes Pizza oder irgendein anderes Hauptgericht ist, kann man sagen: „Das kann ich leider nicht organisieren. Wir haben Brot, Leberwurst und Käse im Kühlschrank und Haferflocken oder Cornflakes kannst du auch haben." Es geht darum, offen, freundlich und entgegenkommend zu sein, ohne die Familie zu einer Cateringfirma mit den Eltern als Kellner zu machen.

Jesper Juul
Dänischer Familientherapeut

Mittwochs Fleisch

Fleisch

„Was gibt es heute für Fleisch?", fragt man sich oft als Erstes, wenn man eine Mahlzeit plant. Hier landet man schnell bei Wurst, Frikadellen und Hackfleischsoße. Daran ist nichts verkehrt, wenn man nur Halbfertigprodukte vermeidet.

Natürlich mache ich manchmal Frikadellen für meine Kinder, aber ich mache sie lieber selbst und serviere sie mit einer guten Tomatensoße. Fleischwurst fällt weg, dann lieber eine gute Lammwurst – eine Merguez – mit Topinambur-Bulgur und Tomatensalat. Die Kinder rümpfen vielleicht anfangs die Nase, aber geben Sie nicht auf, denn man muss ihnen Zeit geben, die Geschmacksknospen daran zu gewöhnen.

Ansonsten sind Eintöpfe herrlich. Es ist befriedigend, alles in einen Topf zu werfen und köcheln zu lassen, bis das Fleisch mürbe und lecker ist. Günstig ist es auch. Denken Sie nur daran, Sehnen und alles überflüssige Fett wegzuschneiden. Achten Sie darauf, dass das Fleisch wirklich fertig kochen darf: Man muss es mit einem gewöhnlichen Tafelmesser problemlos durchschneiden können. Fleischstücke, die im Mund nur wachsen und entweder mit Erstickungsrisiko heruntergewürgt oder diskret in ein Taschentuch geschmuggelt werden müssen, nehmen die Lust an jeder Mahlzeit. Wenn die Kinder Probleme mit den Fleischstücken haben, hat man seine Arbeit nicht ordentlich gemacht. Dann ist es am besten, um Verzeihung bitten und nur Kartoffeln mit Soße zu servieren.

Ein Großteil der Rezepte in diesem Kapitel basiert auf Lamm – das hat sich einfach so ergeben. Ich ziehe als Hackfleisch und als Gulasch Lamm vor, da es meiner Meinung geschmacklich das Beste ist und nicht allzu viel Würze erfordert. Manchmal kann es schwierig sein, Lamm zu bekommen, aber in fast allen meinen Lammrezepten lässt sich ersatzweise auch Rindfleisch verwenden.

Schwedisches Hähnchen

Auf dieses Gericht bin ich an einem regnerischen Tag auf dem Land gekommen. Die Kinder haben es mit Begeisterung gegessen, und seitdem ist es bei uns zu Hause ein häufig wiederkehrender Favorit.

1 ganzes Hähnchen, in vier Teile zerlegt, oder 900 g Hähnchenkeulen

1 EL Rosmarin oder 1 Zweig

Salz und Pfeffer

4 Knoblauchzehen, gepresst

Schale einer Zitrone

2 große Pastinaken

3 Karotten

1 gelbe Zwiebel

10 feste Kartoffeln

8 Knoblauchzehen, ganz, ungeschält

50 ml Olivenöl

10 Cocktailtomaten

100 ml Weißwein

1 Den Ofen auf 225 °C vorheizen.

2 Das Hähnchen in eine ofenfeste Form legen. Gründlich mit Kräutern, Knoblauch und Zitronenschale einreiben.

3 Das Wurzelgemüse und die Zwiebeln in grobe Stücke schneiden. Die Kartoffeln in Spalten zerteilen. Die Knoblauchzehen müssen nicht geschält werden, sie werden sehr lecker und mild, wenn man sie so, wie sie sind, im Ofen backt.

4 Alles in die Form legen und Olivenöl darüberträufeln.

5 Für ca. 25 Minuten im Ofen garen. Herausnehmen und Tomaten und Wein hinzufügen, zurück in den Ofen stellen und garen, bis das Hähnchen richtig durch ist. Kontrollieren, indem man das Fleisch nah am Knochen leicht einschneidet: Das Fleisch sollte ganz weiß sein. Das dauert normalerweise 15–20 Minuten.

Soße

200 ml Sahne

Die Hälfte der Zwiebel und des Wurzelgemüses vom Hähnchen

Bratensaft

1 Die Sahne mit der Hälfte der Zwiebel und des Wurzelgemüses und reichlich Bratensaft vermischen.

2 Einige Minuten sieden lassen und mit Salz abschmecken.

 **Tipp**

Ein Hähnchen im Ofen 45 Minuten braten und nur mit zerlassener Butter, ausgepresster Zitrone, grobem Salz und schwarzem Pfeffer einpinseln.

Mit einfacher Pasta und Tomatensoße servieren.

Frikadellen mit Kartoffelstampf, Preiselbeeren und Sahnesoße

Beim Zubereiten meiner Frikadellen gebe ich gegen Ende 50 ml Wasser oder Sahne in die Pfanne, was ungewöhnlich saftige Frikadellen ergibt. Das hat mir meine Mutter beigebracht. Mit Kartoffelstampf servieren.

Frikadellen

1 EL Semmelbrösel
2 EL Wasser oder Milch
400 g gemischtes Hackfleisch
1 grob geriebene mittelgroße
   Karotte
1 Ei
1 TL Salz
Schwarzer Pfeffer aus der Mühle
Butter oder Rapsöl zum Braten

1   Die Semmelbrösel in der Flüssigkeit quellen lassen.

2   Hackfleisch, rohe geriebene Karotte, Ei, Salz und Pfeffer hinzufügen.

3   12 gleichmäßige Frikadellen formen und noch ein bisschen salzen und pfeffern.

4   Das Öl oder die Butter in einer Pfanne erhitzen und die Frikadellen auf jeder Seite ungefähr 1 Minute braten.

5   Die Hitze auf niedrige Temperatur reduzieren und die Frikadellen zwischendurch wenden.

6   Gegen Ende 50 ml Wasser oder Sahne dazugießen und einkochen lassen.

Sahnesoße

1 EL Butter
2 EL Weizenmehl
300 ml Fleischbrühe
100 ml Sahne
Salz und frisch gemahlener
   schwarzer Pfeffer
chinesische Sojasoße

1   Eine Mehlschwitze machen, indem man die Butter in einem Topf zum Schmelzen bringt, das Weizenmehl hinzufügt und gut umrührt.

2   Die Brühe dazugießen und bei niedriger Hitze mindestens 3 Minuten kochen lassen, so dass der Mehlgeschmack verschwindet.

3   Die Sahne hinzufügen und aufkochen lassen.

4   Mit Salz, Pfeffer und Sojasoße abschmecken.

Preiselbeeren (halten sich ca. einen Monat im Kühlschrank)

1/2 kg Preiselbeeren
2 dl Zucker

1   Die Beeren mit einem Holzlöffel leicht zerdrücken.

2   Den Zucker hinzufügen und umrühren, bis der Zucker geschmolzen ist.

Fleischeintopf im Herbst

Das ist ein deftiger Eintopf, der ausgezeichnet in den Herbst passt. Zu dieser Jahreszeit kann man oft Gulaschfleisch zu einem richtig guten Preis kaufen. Wie die meisten Eintöpfe ist er noch besser, wenn man ihn am Tag zuvor zubereitet. Aber fügen Sie die Orange erst hinzu, wenn der Eintopf serviert werden soll.

8 PERSONEN

11/2 kg Rinderhals

1 gelbe Zwiebel, in Spalten

1 große Karotte, in dicke Scheiben geschnitten

3 Knoblauchzehen, zerstoßen

3 EL Tomatenmark

2 TL Paprikapulver

1 Rosmarinzweig

1 TL Thymian

Salz und schwarzer Pfeffer aus der Mühle

3 EL Butter

200 ml Rotwein

400 g gehackte Tomaten

1 Lorbeerblatt

200 ml Wasser

1 Würfel Fleischbrühe

Schale einer Orange

Kartoffeln

Saure Sahne

Grob gehackte glatte Petersilie

1. Das Fleisch in mundgerechte Stücke schneiden.

2. Zwiebel, Karotte und Knoblauch mit Tomatenmark und Gewürzen bei mittlerer Hitze ca. 10 Minuten in Butter anbraten.

3. Fleisch, Wein, gehackte Tomaten, Lorbeerblatt, Wasser und Brühwürfel hinzufügen. Mit geschlossenem Deckel köcheln lassen, bis das Fleisch richtig weich ist, ca. 1 1/2 Stunden.

4. Mit fein geriebener Orangenschale und eventuell mehr Salz und Knoblauch abschmecken. Noch eine Weile kochen lassen.

Mit gekochten Kartoffeln oder Reis servieren. Eventuell einen Löffel saure Sahne und eine Handvoll grob gehackte Petersilie darübergeben.

Ajvarfrikadellen mit geröstetem Wurzelgemüse und Paprikadip

Hackfleisch mit Ajvar zu würzen ist ein richtiger Geheimtipp! Das Mus ergibt auf einfache Art Frikadellen, die sowohl würzig als auch saftig sind.
Wenn Sie sowohl Butter als auch Öl in der Bratpfanne haben, verbrennt die Oberfläche nicht, weil Öl die Hitze besser verträgt.

Frikadellen

600 g gemischtes Hackfleisch
100 g Ajvar
2 TL Kreuzkümmel
1 TL Paprikapulver
1 Knoblauchzehe, zerstoßen
1 TL Salz
1 Ei
1/2 TL Zimt
Butter und Öl zum Braten

1 Das Hackfleisch mit sämtlichen Zutaten vermischen.

2 8 Frikadellen formen.

3 Die Frikadellen bei mittlerer Hitze in Butter und Öl braten, bis sie durch sind (ca. 4–5 Minuten auf jeder Seite).

   (Wenn man sehr viele Frikadellen machen will, kann man sie im Ofen braten. Den Ofen auf 225 °C vorheizen und in einer ofenfesten Form ca. 10 Minuten braten.)

Geröstetes Wurzelgemüse

2 Pastinaken
2 Karotten
4 Kartoffeln
1 EL getrockneter Rosmarin
1 TL Salz
50 ml Olivenöl

1 Den Ofen auf 250 °C vorheizen.

2 Wurzelgemüse sorgfältig waschen. (Wenn Sie kein biologisches Gemüse verwenden, müssen Sie es schälen!)

3 In mundgerechte, ein wenig ungleichmäßige Stücke schneiden.

4 Mit Rosmarin, Salz und Olivenöl mischen.

5 Im Ofen ca. 20 Minuten grillen.

Paprikadip

300 g Joghurt oder Schmand
100 g Ajvar
1/2 TL Salz

Alle Zutaten in einer Schüssel mischen. Mit Salz abschmecken.

Sahniger Fleischeintopf mit Rosmarin und Sardellen

Die Sardellen geben diesem Gericht einen feinen Salzgeschmack. Es braucht viel Zeit: Das Fleisch muss richtig lange kochen, um mürbe und lecker zu werden.

500 g Rindsgulasch
1 große gelbe Zwiebel
3 EL Tomatenmark
1 TL getrockneter Rosmarin
3 EL Butter
200 ml Wasser
1 EL chinesische Sojasoße
1 Würfel Fleischbrühe
6 Sardellenfilets
300 ml Kochsahne
1 dl gehackte frische Petersilie

1   Das Fleisch von Sehnen und Fett befreien und die Zwiebel fein hacken.

2   Das Fleisch und die Zwiebel zusammen mit Tomatenmark und Rosmarin in Butter bräunen. Das Fleisch portionsweise braten, so dass es eine schön gebräunte Oberfläche bekommt.

3   Wasser, Sojasoße und Brühwürfel dazugeben und ca. 1 Stunde kochen lassen oder bis das Fleisch richtig mürbe ist.

4   Die Sardellenfilets fein hacken.

5   Sahne und fein gehackte Sardellenfilets hinzufügen.

6   Mit Salz und schwarzem Pfeffer aus der Mühle abschmecken.

Mit gehackter Petersilie und gekochten Kartoffeln servieren.

Als Beilage eignen sich gebratene Pilze, Broccoli, Karotten oder grüne Bohnen.

Hähnchenpieß mit Orangen-Rosmarin-Marinade

Dieses Gericht kann man sehr gut lauwarm essen, so dass es ausgezeichnet für ein Picknick geeignet ist. Beginnen Sie mit dem Wurzelgemüse und dem Tsatsiki.

Geröstetes Wurzelgemüse

2 Kartoffeln, festkochend
1 Süßkartoffel
2 Karotten
2 Pastinaken
50 ml Olivenöl
Salz
Pfeffer
Flüssiger Honig
Getrocknete Kräuter,
  z. B. Rosmarin

1. Den Ofen auf 250 °C vorheizen.
2. Das Wurzelgemüse in mundgerechte Stücke schneiden.
3. Eine ofenfeste Form mit Öl ausgießen und das Wurzelgemüse hineinlegen. Mit einer Holzgabel wenden, so dass es rundherum mit Öl bedeckt ist.
4. Salz, Pfeffer, Honig und getrocknete Kräuter hinzufügen.
5. Im Ofen ca. 20 Minuten backen, bis das Wurzelgemüse weich geworden ist.

Geriebene Rote Beten

2 Rote Beten
1 Orange, ausgepresst
Salz

1. Die Rote Beten schälen und grob reiben.
2. Mit ausgepresster Orange und Salz würzen.

Hähnchenspieß

50 ml Rapsöl
2 EL japanische Sojasoße
1 ausgepresste Orange
1 EL getrockneter Rosmarin
1 Knoblauchzehe, fein gerieben
1 EL flüssiger Honig
4 Hühnerbrustfilets

1. Öl, Sojasoße, ausgepresste Orange, Rosmarin, Knoblauch und Honig zu einer Marinade mischen.
2. Jedes Hühnerbrustfilet der Länge nach in vier Stücke schneiden.
3. Die Stücke ca. 1 Stunde lang marinieren.
4. In einer Pfanne bei mittlerer Hitze ca. 10 Minuten braten, bis die Hähnchenstücke richtig durchgebraten sind (das Fleisch darf nicht transparent oder rosa sein).
5. Die Hähnchenteile auf Spieße stecken.

Mit Tsatsiki (Seite 163) servieren.

Wildeintopf

Wild hat wirklich einen eigenen Geschmack, der gut zu Wacholderbeeren, Dijon-Senf und Pilzen passt. Mit Gelee und Fächerkartoffeln wird das Gericht zu einem richtigen Sonntagsessen, obwohl es in nur 25 Minuten zubereitet werden kann.

1 gelbe Zwiebel, fein gehackt

2 Knoblauchzehen, gerieben

2 EL Butter

2 dl Pilze, am besten Pfifferlinge, aber Champignons eignen sich auch

400 g Wild, sehr klein geschnitten

6 Wacholderbeeren, zerdrückt

Salz

Schwarzer Pfeffer aus der Mühle

2 TL Dijon-Senf

300 ml Schlagsahne

100 ml Fleischbrühe

1. Zwiebel und Knoblauch in der Butter anbraten, ohne dass sie braun werden. Zur Seite stellen.

2. Die Pilze in Butter braten und zu den Zwiebeln geben.

3. Das Fleisch in Butter braten.

4. Wacholderbeeren, Salz, schwarzen Pfeffer und Dijon-Senf hinzufügen.

5. Mit Sahne und Fleischbrühe aufgießen. Einige Minuten bei schwacher Hitze kochen lassen.

Mit gekochten Kartoffeln oder Fächerkartoffeln (Seite 175), Gurkensalat und Gelee oder Preiselbeeren (Seite 77) servieren.

 Tipp

Pilze anzubraten ist etwas schwierig. Pilze binden viel Wasser und tendieren dazu, zu kochen statt zu braten. Lassen Sie deshalb die Pilze in einer gefetteten Pfanne bei niedriger Hitze ausdampfen, bevor Sie mehr Butter hinzufügen und die Temperatur erhöhen.

Kohlauflauf

Manchmal macht es Spaß, richtige Klassiker zuzubereiten. Mein Bruder Martin, der auch Koch ist, ist ein Profi auf dem Gebiet der Hausmannskost und hat mir geholfen, dieses Rezept zusammenzustellen: Kohlauflauf – lecker, so lecker!

1 gelbe Zwiebel, fein gehackt
1 Klacks Butter
1/2 dl Semmelbrösel
1 Ei
300 ml Vollmilch
500 g gemischtes Hackfleisch
1–2 TL Salz
3 weiße Pfefferkörner, zerdrückt
1–2 Pimentkörner, zerdrückt
1 TL Dijon-Senf

1 Die Zwiebel in Butter bei schwacher Hitze anbraten, so dass sie keine Farbe annimmt.

2 Semmelbrösel, Ei und Milch in einer Schüssel mischen und die Semmelbrösel quellen lassen, während die Zwiebel abkühlt.

3 Sämtliche Zutaten zu einem gleichmäßigen lockeren Teig verarbeiten, eventuell mehr Milch oder Wasser hinzufügen, wenn sich der Teig zu dick anfühlt.

700 g Weißkohl
Salz und weißer Pfeffer
2 EL Butter
1 EL Öl
4 EL dunkler Sirup

1 Den Kohl vom Strunk befreien und in grobe Streifen schneiden.

2 Salzen und pfeffern.

3 Den Kohl bei niedriger Hitze in Butter und Öl braten, so dass er weich wird, ohne Farbe anzunehmen.

4 Gegen Ende des Bratvorgangs 2 EL dunklen Sirup dazugeben.

5 Den Kohl abkühlen lassen.

6 Die Hälfte des Kohls mit der Hackfleischmischung vermengen.

7 Die Mischung in einer gleichmäßigen, ca. 3 cm dicken Schicht in eine gefettete Porzellanauflaufform geben.

8 Mit dem Rest des Kohls bedecken und zum Schluss 2 EL dunklen Sirup darüberträufeln.

9 Im Ofen bei 175 °C ca. 40–50 Minuten gratinieren. Mit Alufolie bedecken, wenn der Kohl zu viel Farbe bekommt.

Mit frischen gekochten Kartoffeln und Preiselbeeren (Seite 77) servieren.

Fleischbällchen mit frischem Rosmarin

Ich glaube, jeder hat seine Variante von Fleischbällchen, oder man kennt jemanden (z. B. die Mutter), dessen Fleischbällchen „einfach am besten sind". In manchen Varianten sind Anchovis mit im Teig oder sogar Sardellen. Knoblauch und Thymian sind nicht ungewöhnlich. In diesen Fleischbällchen ist es frischer Rosmarin, der ihnen einen herrlichen und besonderen Geschmack gibt.

2 Bio-Eier

1/2 dl Semmelbrösel

600 g gemischtes Hackfleisch

2 EL frischer Rosmarin, fein gehackt

2 TL Dijon-Senf

2 EL Oregano

2 TL Tomatenmark

1–2 TL Salz

1 Eier und Semmelbrösel in einer Schüssel verrühren.

2 Das Hackfleisch und den Rest der Zutaten dazugeben und zu einem Teig vermischen.

3 Den Hackfleischteig ein bisschen stehen lassen, damit er durchziehen kann.

4 Ca. 24 Fleischbällchen formen.

5 Die Fleischbällchen in Butter und Olivenöl portionsweise braten, bis sie rundherum eine schöne Farbe haben und durchgebraten sind (ungefähr 8 Minuten).

6 Eine gute Tomatensoße zubereiten (Seite 179).

7 Die Fleischbällchen in die Tomatensoße legen.

Mit frisch gekochter Pasta und Parmesan servieren.

Lammfrikadellen
mit Kokos-Couscous und Joghurt

Vor ein paar Jahren im Winter, als eine Freundin und ich mit den Kindern zum Langlaufen fahren wollten, habe ich den Teig für diese Lammfrikadellen gemacht, ein Baguette und ein Stück Ziegenkäse gekauft und alles mitgenommen. Dann haben wir die Lammfrikadellen im Schnee über dem offenen Feuer gegrillt. Was glauben Sie, wie gemütlich die Kinder das fanden!

Frikadellen

600 g Lammhackfleisch

1 Knoblauchzehe, fein gerieben oder gepresst

2 EL Tomatenmark

1 EL getrockneter Oregano

2 TL Kreuzkümmel

2 TL Paprikapulver

1 TL Salz

1 dl gehackte glatte Petersilie oder Minze

Butter und Olivenöl zum Braten

1 Sämtliche Zutaten zu einem geschmeidigen Teig vermischen. 8 Frikadellen formen.

2 Die Frikadellen bei mittlerer Hitze in Butter und Olivenöl braten, bis sie durch sind (4–5 Minuten auf jeder Seite), oder im Ofen bei 225 °C 10–15 Minuten.

Kokos-Couscous mit getrockneten Früchten

1 kleine Knoblauchzehe, gepresst

1 EL Butter

1 EL Olivenöl

200 ml Gemüsebrühe

1 EL Kurkuma (wenn Sie gelben Couscous haben wollen)

2 dl Couscous

2 EL Kokosflocken

2 EL getrocknete Früchte, z. B. Preiselbeeren, Rosinen, Aprikosen

1 Den Knoblauch in einem Topf in Butter und Öl anbraten.

2 Brühe und Kurkuma dazugeben.

3 Aufkochen und den Topf vom Herd nehmen.

4 Couscous hineingeben und umrühren. Mit einem Deckel dicht verschließen und 8 Minuten quellen lassen.

5 Kokosflocken und getrocknete Früchte hinzufügen und mit einer Gabel auflockern.

Die Frikadellen warm oder kalt mit Couscous, Tomatensoße (Seite 179) und Joghurt servieren.

Indischer Lammeintopf

Dieser gute Eintopf verbreitet einen wunderbaren Duft in der Küche. Er wird am besten am Tag zuvor zubereitet, damit er richtig durchziehen kann. Das Fleisch muss richtig mürbe werden, sonst ist das Risiko groß, dass die Kinder die Stücke nicht essen wollen.

1 rote Zwiebel, gehackt

1 Knoblauchzehe, gerieben

1 EL fein geriebener Ingwer

1 TL Paprikapulver

1 TL gemahlener Koriander

1 Zimtstange

2 TL Kreuzkümmel

4 EL Butter

500 g Lammgulasch

1 Dose gehackte Tomaten

1 TL Salz

200 ml Kokosmilch

200–300 ml Wasser

6 Kartoffeln, in Würfel geschnitten

2 Karotten, in Scheiben geschnitten

100 g Naturjoghurt

Salz

Schwarzer Pfeffer aus der Mühle

1 Die Zwiebel zusammen mit allen Gewürzen in der Butter bräunen, bis sie anfangen, gut zu duften (ca. 10 Minuten).

2 Das Fleisch portionsweise hinzufügen und eine Weile mitbraten lassen.

3 Tomaten, Salz, Kokosmilch und Wasser dazugeben.

4 Den Eintopf zugedeckt ca. 1 1/2 Stunden köcheln lassen (besser zu lang als zu kurz).

5 Kartoffelwürfel und Karottenscheiben hinzufügen und mitkochen lassen, bis sie weich geworden sind (ca. 20 Minuten).

6 Den Joghurt einrühren.

7 Mit Salz und schwarzem Pfeffer aus der Mühle abschmecken.

Mit Couscous (Seite 160) oder Reis, Joghurt und Gurkensalat (Seite 172) servieren.

Mariniertes Schweinekotelett
mit Ingwercreme und Maiskolben

Auf dem Grill zubereitet, gelingt dieses Gericht am besten. Die Geschmäcker kommen viel deutlicher hervor und das Fleisch wird saftiger. Braten ist eine gute Alternative, achten Sie nur genau darauf, dass das Fleisch nicht zu lange in der Pfanne liegt, denn sonst wird es trocken und langweilig. Braten Sie es bei hoher Temperatur und servieren Sie es sofort.

Mariniertes Schweinekotelett

*400 g Schweinekotelett ohne
  Knochen, in Scheiben*

*1 EL fein geriebener frischer
  Ingwer*

1 EL Honig

1 EL chinesische Sojasoße

*Saft und Schale einer halben
  Zitrone*

Butter oder Öl

1 Das Fleisch in der Kräutermischung mindestens 20 Minuten marinieren.

2 Dann die Koteletts in Butter oder Öl auf jeder Seite ca. 3 Minuten braten.

Ingwercreme

300 g Joghurt

*1 EL fein geriebener frischer
  Ingwer*

1 TL Salz

*eventuell 1 kleine
  Knoblauchzehe, fein gerieben*

Die Zutaten miteinander vermischen. Eventuell mit mehr Salz abschmecken.

Maiskolben

2 Maiskolben

In leicht gesalzenem Wasser 5–10 Minuten kochen lassen.

Mit gekochtem Weizen oder Bulgur (Seite 160) servieren.

Lammhack-Chili mit Rosmarin und Avocadocreme

Ein Chili aus Lammhackfleisch hat einen besonders guten Geschmack. Aber auch zu Rinderhackfleisch passt die Würzung genauso gut.

1 gelbe Zwiebel, fein gehackt

2 Knoblauchzehen, fein gehackt oder gerieben

2 rote Paprika, fein gehackt

2 mittelgroße Karotten, fein gehackt

Butter und Olivenöl zum Braten

1 EL getrockneter Rosmarin

1 TL Kreuzkümmel

1 TL Paprikapulver

2 EL Tomatenmark

500 g Lammhackfleisch

Salz und schwarzer Pfeffer aus der Mühle

400 g schwarze Bohnen aus der Dose, abgetropft und abgespült

400 g Kidneybohnen, abgetropft und abgespült

400 g gehackte Tomaten, gerne mit Chili gewürzt, falls zu finden

1 EL flüssiger Honig

eventuell ein wenig Balsamico-Essig

1 Alles gehackte Gemüse in einem großen Topf mit etwas Butter bei mittlerer Wärme anbraten.

2 Alle Gewürze und das Tomatenmark hinzufügen, eine Weile braten lassen.

3 Währenddessen das Fleisch in einer Bratpfanne in Butter braten. Nach Geschmack salzen und pfeffern.

4 Das Fleisch zum Gemüse in den Topf geben, Bohnen und Tomaten hinzufügen.

5 Das Chili bei geschlossenem Deckel ca. 30 Minuten einkochen lassen. Ab und zu umrühren.

6 Mit Honig, eventuell Balsamico-Essig und vielleicht noch etwas Salz und schwarzem Pfeffer abschmecken.

Mit Avocadocreme (Seite 162) und Baguette servieren.

Mediterraner Hackbraten

Es ist einfach, einen Hackbraten zu machen: Man muss keine Bällchen formen und
es qualmt beim Braten nicht wie beim Frikadellenzubereiten. Außerdem ist dieser
Braten sehr saftig und lecker. Hackfleisch muss stärker gewürzt werden, wenn man
es nur in den Ofen schiebt.

2 EL Semmelbrösel

100 ml Milch

2 Knoblauchzehen

500 g Hackfleisch

1 gelbe Zwiebel, fein gehackt

1 Ei

1 dl pürierte getrocknete Tomaten

2 TL Dijon-Senf

2 EL Tomatenmark

1 TL Paprikapulver

1 TL Salz

Schwarzer Pfeffer aus der Mühle

*Etwas Olivenöl, um es über den
   Braten zu träufeln*

1 Den Ofen auf 275 °C vorheizen.

2 Semmelbrösel und Milch in einer Schüssel
   mischen. Den Knoblauch hineinpressen.

3 Das Hackfleisch in der Schüssel mit allen
   Zutaten vermischen.

4 Das Hackfleisch in einer ofenfesten Form
   zu einem Laib formen und ein wenig
   Olivenöl darüber träufeln.

5 Die Form in den Ofen stellen und die
   Hitze sofort auf 200 °C senken.

6 30 Minuten im Ofen backen.

Mit Tomatensoße (Seite 179) und Nudeln oder
Kartoffeln servieren.

Tipp

Dazu einige Paprikas grillen und Feta und Oliven darüberstreuen.
Statt Semmelbröseln kann man auch Weißbrot oder Baguette benutzen, das man
aushöhlt und die Krumen in Milch einweicht.

Donnerstags Vegetarisch

Vegetarisch

Oft wird gesagt:„Wir haben eine vegetarische Alternative.“

Ich finde es schade, dass vegetarisches Essen oft als Alternative angesehen wird. Die wenigen Male, an denen ich die Möglichkeit habe, außer Haus zu essen, wähle ich am liebsten etwas aus dem vegetarischen Teil der Speisekarte. Vegetarisches Essen kann mindestens genauso gut sein wie Gerichte mit Fleisch oder Fisch. Und absolut genauso gesund. Außerdem ist vegetarisches Essen besser für die Umwelt.

Vegetarisches Essen zu kochen erfordert etwas größere Kenntnisse der Essenszubereitung und vor allem der Ernährungslehre. Mein Bruder wollte Vegetarier werden, als er gerade von zu Hause ausgezogen war. Er war schon immer ziemlich groß und schlank und nach einem halben Jahr, in dem er nur Nudeln mit Tomatensoße gegessen hat, hatte er sieben Kilo abgenommen und sah aus wie ein Weihnachtsbaum im März. Man darf nicht vergessen, Bohnen oder Linsen zu verwenden. Niemand kann nur von vegetarischer Lasagne und Pilzsoße leben.

Hier präsentiere ich eine Auswahl etwas einfacherer vegetarischer Gerichte. Ich habe versucht, hier und da Bohnen und Linsen darunter-zumischen. Mir gefällt die Idee, einen Tag in der Woche zu reservieren, an dem man nur Gemüse ist. Als Köchin finde ich, dass Gemüse und Hülsenfrüchte das gewisse Etwas haben. Und das setzt die Kreativität in Gang.

Kichererbsenfrikadellen
mit Tsatsiki, Bulgur und Tomatensalsa

Mit den richtigen Beilagen werden diese würzigen vegetarischen Burger zu einem wahren Festmahl. Richten Sie doch das Mittagessen als Buffet mit z. B. Feta, roten Zwiebeln, roten Tomatenscheiben, Pitabrot, Tsatsiki, marinierten Oliven, Tomatensalsa, Peperoni und Bulgur an.

1 Dose Kichererbsen
1 TL Kreuzkümmel
1 TL getrockneter Koriander
2 Knoblauchzehen
2 Eigelb
3 EL Semmelbrösel
Saft von einer Zitrone
1–2 TL Salz
Weizenmehl und Olivenöl
*   zum Braten*

1 Sämtliche Zutaten miteinander vermischen.

2 Mit Zitronensaft und Salz abschmecken.

3 Zu kleinen Frikadellen formen.

4 In Weizenmehl wenden und in Olivenöl auf jeder Seite ca. 5 Minuten braten.

Mit Tsatsiki (Seite 163), Bulgur (Seite 160), Tomatensalsa (Seite 143) und frischen Paprikascheiben servieren.

Wurzelgemüsegratin
mit Blauschimmelkäse

Wurzelgemüse hat ein enormes Geschmackspotenzial, das man nicht immer ausnutzt. Pastinaken und Karotten werden im Ofen herrlich süß und weich. Wenn Sie das nächste Mal Wurzelgemüsepüree machen, backen Sie das Wurzelgemüse im Ofen, anstatt es auf dem Herd zu kochen. Das Resultat ist erstaunlich.
In diesem Gratin hebt der Blauschimmelkäse den Geschmack des Wurzelgemüses auf feine Art hervor – die Kinder in meinem Kindergarten mögen es sehr.

3 Kartoffeln

3 Karotten

1/2 Steckrübe

3 Pastinaken

500 ml Kochsahne

1 dl geriebener Blauschimmelkäse

1 Knoblauchzehe, fein gehackt

1/2 dl glatte Petersilie

1 TL Paprikapulver

1 EL Oregano

1–2 TL Salz

1   Den Ofen auf 225 °C vorheizen.

2   Alles Wurzelgemüse mit einem Messer in Scheiben schneiden.

3   Die Sahne und den Käse mit den Gewürzen vermischen und abschmecken.

4   Das Wurzelgemüse in eine ofenfeste Form legen, die Sahne-Käse-Mischung darübergießen.

5   Im Ofen bei 225 °C ca. 30 Minuten backen.

Mit Broccolisalat (Seite 109) servieren.

Broccolisalat

350 g frischer Broccoli

50 g Feta

1 dl geröstete
   Sonnenblumenkerne

Olivenöl, Zitronensaft und Salz

1   Den Broccoli ca. 5 Minuten in leicht gesalzenem Wasser kochen.

2   Den gekochten Broccoli mit kaltem Wasser abspülen und in mundgerechte Stücke schneiden.

3   Den Feta würfeln und zusammen mit den gerösteten Sonnenblumenkernen untermischen.

4   Mit Olivenöl, Zitronensaft und etwas Salz abschmecken.

Chili con Quorn

Hackfleisch mit Quorn zu ersetzen, funktioniert richtig gut!

1 gelbe Zwiebel, fein gehackt
2 Knoblauchzehen, fein gerieben
500 g Quorn
3 EL Tomatenmark
1 EL Kreuzkümmel
1/2 TL Zimt
1 TL Sambal Oelek
1 Dose gehackte Tomaten
1 Dose Kidneybohnen oder
  Kichererbsen oder Bohnen-Mix
Gemüsefond, Salz oder
  Kräutersalz

1 Zwiebeln, Knoblauch und Quorn anbraten, bis sie Farbe bekommen.
2 Tomatenmark, Kreuzkümmel, Zimt und Sambal hinzufügen.
3 Einige Minuten anbraten lassen.
4 Pizzatomaten dazugeben und ca. 10 Minuten köcheln lassen.
5 Bohnen hinzufügen und eine Weile einkochen lassen.
6 Mit Salz und vielleicht etwas Ketchup, Zucker oder Honig abschmecken.

Mit frisch gebackenem Baguette, Mais und Schmand servieren.

Kartoffel-Fenchel-Gratin mit Safran

Schneiden Sie beim Fenchel die ganze Wurzel heraus, weil sie oft als holzig empfunden wird.

8–10 Kartoffeln, in Scheiben
  geschnitten
1 Fenchel, in Scheiben
  geschnitten
200 ml Kochsahne
100 ml Milch
1 EL Tomatenmark
2 Knoblauchzehen, fein gehackt
1 TL Rosmarin oder Thymian
1/2 Päckchen Safran
1 TL Salz

1 Den Ofen auf 225 °C vorheizen und eine ofenfeste Form ausfetten.
2 Kartoffel- und Fenchelscheiben in die Form legen.
3 Sahne und Milch mit Tomatenmark, Knoblauch, Rosmarin, Safran und Salz vermischen und alles über die Kartoffeln und den Fenchel gießen.
4 In der Form umrühren und 40–45 Minuten gratinieren.

Das Gratin mit Tomatensalat (Seite 178), Hüttenkäse und Bohnensalat (Seite 164) servieren.

Rote-Bete-Frikadellen mit Linsen und französischem Senf

Die Frikadellen sind gut geeignet, um vegetarische Burger damit zu belegen.

1 gelbe Zwiebel, fein gehackt
2 EL Butter
3 gekochte Rote Beten
5 gekochte Kartoffeln
2 dl gekochte rote Linsen
2 EL Semmelbrösel
1 Ei
1 TL Salz
Schwarzer Pfeffer aus der Mühle
1 TL Dijon-Senf
1 Zitrone, geriebene Schale
Butter und Olivenöl zum Braten

1 Die fein gehackte Zwiebel bei mittlerer Hitze in Butter weich braten.

2 Die gekochten Roten Beten und Kartoffeln mit einer Reibe grob reiben.

3 Linsen, Semmelbrösel, Ei, Salz, schwarzen Pfeffer, Dijon-Senf und geriebene Zitronenschale untermischen. Eventuell mit mehr Salz und etwas Zitronensaft abschmecken.

4 Zu mittelgroßen Frikadellen formen.

5 Bei mittlerer Hitze in Butter und Olivenöl auf jeder Seite ca. 5 Minuten braten.

Mit Tsatsiki (Seite 163), Kartoffelspalten, Feta und Zitronenspalten servieren.

Mais-Kartoffel-Frikadellen

Probieren Sie diese Frikadellen aus, sie sind ein richtiger Renner im Kindergarten.

5 Kartoffeln, gekocht
1 kleine Stange Lauch, fein gehackt und angebraten
2–3 EL Butter
1 Dose Mais, 350 g
2 dl geriebener Hartkäse
4 EL Weizenmehl
1 EL ungesüßter Senf
1 Ei
Salz und Pfeffer
1 TL Paprikapulver
2 TL Oregano

1 Kartoffeln pressen und mit den übrigen Zutaten vermischen.

2 Ca. 20 Frikadellen formen.

3 Bei mittlerer Hitze 3–4 Minuten auf jeder Seite in Butter braten.

Mit Bulgur (Seite 160), Avocadocreme (Seite 162) und Tomatensalat (S. 178) servieren.

Griechisches Nudelgericht

Eine deftige Tomatensoße mit Beilagen, die gerne in separaten Schalen serviert werden dürfen. So kann sich jeder das nehmen, was er lecker findet!
Bei kleinen Kindern ist es immer gut, wenn sie erkennen können, was sie essen. Meiner Erfahrung nach wird das meiste angenommen, wenn die Kinder selbst wählen dürfen, was sie auf ihren Teller legen.

Soße

8 frische Tomaten oder eine Dose
  gehackte Tomaten

1 rote Zwiebel, fein gehackt

2 Knoblauchzehen, fein gerieben

2 EL Oliven- oder Rapsöl

1 EL Butter

1 Karotte, grob gerieben

2 EL Tomatenmark

1 TL Paprikapulver

2 EL getrockneter Oregano

1–2 TL Salz

1 EL Balsamico-Essig

Schwarzer Pfeffer aus der Mühle

1   Die frischen Tomaten in Stücke schneiden.

2   Die rote Zwiebel und den Knoblauch bei schwacher Hitze in Öl und Butter anbraten, bis sie weich werden.

3   Karotte, Tomatenmark, Paprikapulver und Oregano hinzufügen.

4   Tomaten dazugeben und die Soße ca. 15 Minuten einkochen lassen. Mit Salz, Balsamico-Essig und etwas Pfeffer aus der Mühle abschmecken.

Wenn Sie Knoblauch lieben, können Sie ruhig eine Zehe mehr reiben.

Gurkenscheiben, Oliven, Feta, Kürbiskerne und glatte Petersilie in separaten Schalen auf den Tisch stellen.

Mit frischen Spiralnudeln servieren.

Beilagen

1/2 Gurke

1 dl schwarze Kalamata-Oliven
  ohne Stein

100 g zerbröselter Fetakäse

1 dl geröstete Kürbiskerne

1 dl gehackte glatte Petersilie

1 dl Kidneybohnen

Vegetarische Lasagne mit Spinat und Feta

Vegetarische Lasagne kann man bis ins Unendliche variieren. Im Großen und Ganzen muss man eigentlich nur eine gute Soße aus dem Gemüse machen, das man zu Hause hat, ein bisschen Sahne dazugießen, Lasagneblätter aufschichten und ab in den Ofen. Ein guter Gemüseverwerter!

Hier sind zwei verschiedene Rezepte: Das auf dieser Seite ist ein bisschen aufwändiger zuzubereiten, das Rezept auf der nächsten Seite ist sehr einfach.

2 Karotten, geschält und in dünne Scheiben geschnitten

2 Zucchini, in dünne Viertel geschnitten

1 gelbe Zwiebel, fein gehackt

2 Knoblauchzehen, gerieben

1 TL Sambal Oelek

4 EL Olivenöl

1 Dose gehackte Tomaten

2 TL Salz

1/2 TL Zucker

Schwarzer Pfeffer aus der Mühle

100 ml Schlagsahne

Blätter von einem halben Bund Basilikum, in Streifen geschnitten

250 g tiefgefrorener Blattspinat, aufgetaut und gut abgetropft

200 g Feta, zerbröselt

1 TL Salz

8–10 Lasagneblätter

1 Mozzarella, 125 g, in dünnen Scheiben zum Belegen

1 Den Ofen auf 225 °C vorheizen.

2 Karotten, Zucchini, gelbe Zwiebel, Knoblauch und Sambal einige Minuten in Olivenöl anbraten.

3 Tomaten, Salz, Zucker und schwarzen Pfeffer hinzufügen.

4 Bei schwacher Hitze 10 Minuten köcheln lassen.

5 Sahne und Basilikumblätter hinzufügen. Abschmecken.

6 Den Spinat mit Feta und Salz mischen. Abschmecken.

7 Die Tomatensoße mit der Spinat-Feta-Mischung und den Lasagneblättern in eine ofenfeste Form schichten. Die unterste und die oberste Schicht sollte Tomatensoße sein.

8 Zum Schluss den in dünne Scheiben geschnittenen Mozzarella darauflegen und ca. 25 Minuten backen.

Mit Kräuterquark, Oliven, Tomaten und einer Zitronenspalte servieren.

Vegetarische Lasagne mit Zucchini und Käse

1 mittelgroße gelbe Zwiebel, gehackt

2 Knoblauchzehen, gerieben

2 EL Tomatenmark

2 EL getrocknete Kräuter der Provence

1 TL Paprikapulver

2 EL Raps- oder Olivenöl

2 Dosen gehackte Tomaten

1 Karotte, grob gerieben

1 Pastinake, grob gerieben

1 1/2 dl grob geriebener Weißkohl

Salz

250 ml Kochsahne

3 dl grob geriebener Hartkäse

1 große Zucchini, in ca. 5 mm dicke Scheiben geschnitten

8–10 Lasagneblätter

1. Den Ofen auf 225 °C vorheizen.

2. Zwiebel, Knoblauch, Tomatenmark, Kräuter der Provence und Paprikapulver bei schwacher Hitze ca. 5 Minuten in Öl anbraten. Verwenden Sie einen Topf mit dickem Boden.

3. Pizzatomaten dazugeben und aufkochen lassen.

4. Grob geriebenes Gemüse hinzufügen.

5. Die deftige Soße zugedeckt ca. 15 Minuten einkochen lassen. Nach Geschmack salzen.

6. Den Topf von der Platte nehmen, die Sahne und die Hälfte des geriebenen Käses einrühren.

7. Gemüsesoße, Zucchinischeiben und Lasagneblätter schichtweise in eine Form legen. (Die oberste Schicht sollte Gemüsesoße sein.)

8. Den restlichen Käse darüberstreuen und im Ofen 25–30 Minuten gratinieren.

Am besten mit Joghurt, der mit einem Löffel Dijon-Senf verfeinert wurde, servieren. Ajvar oder Pesto sind auch gut.

Indisches Veggie-Curry

Dieses leicht zuzubereitende vegetarische Gericht mögen in meiner Familie alle sehr. Die Geschmackskombination von Kokos und Sweet Chili ist garantiert kinderfreundlich. Trotz der vielen Zutaten ist das Gericht schnell zu kochen. Rechnen Sie mit 35 Minuten.

1 rote Zwiebel, fein gehackt

2 Knoblauchzehen, gerieben

1–2 TL Tikka Masala (rote Currypaste)

1 EL Pflanzenöl und 1 EL Butter

4 Kartoffeln

1/2 dl rote Linsen

1 kleiner Blumenkohl, in Röschen zerteilt

1 EL frischer Ingwer, fein gerieben

1 Zucchini

1 Dose Kokosmilch

5 getrocknete Aprikosen, in Scheiben geschnitten

1 TL Curry

2 EL Kokosflocken

1 EL Sweet Chili

1 TL Salz

1 Zwiebeln und Knoblauch mit der Currypaste bei schwacher Hitze ca. 10 Minuten in Butter und Öl anbraten.

2 Währenddessen die Kartoffeln 10 Minuten und die Linsen 5 Minuten kochen. Die Linsen unter kaltem Wasser abschrecken, so dass sie nicht weitergaren.

3 Blumenkohl, Ingwer und Zucchini zu den angebratenen Zwiebeln geben. Ca. 5 Minuten mit anbraten lassen.

4 Die gekochten Kartoffeln in mundgerechte Stücke zerteilen und zusammen mit der Kokosmilch ebenfalls in die Pfanne geben.

5 Alles zusammen kochen lassen, bis die Kartoffeln weich sind, das dauert ca. 10 Minuten.

6 Zum Schluss die gekochten Linsen, die getrockneten Aprikosen, Curry, Kokosflocken, Sweet Chili und Salz hinzufügen. Die Linsen nur warm werden lassen, dann ist es fertig.

Mit Jasminreis, Bananenscheiben und gehacktem frischem Koriander servieren.

Freitags Lieblingsessen

Lieblingsessen der Kinder

Wenn man Kinder im Allgemeinen fragt, was ihr Lieblingsessen ist, bekommt man fast immer Antworten wie Fischstäbchen, Fleischbällchen, Pizza oder Wurst, was für den Koch auf die Dauer ziemlich ermüdend ist.

Aber Fischstäbchen sind lecker, wenn man sie selbst macht und mit etwas Finesse zubereitet. Fleischwurst serviere ich nicht, aber wenn man ein Stroganoff machen möchte, kann man eine Wurst mit höherem Fleischgehalt und besserer Qualität wie Chorizo oder Cabanossi nehmen.

In diesem Kapitel habe ich Gerichte gesammelt, die für mich klare Favoriten waren, als ich klein war, aber auch solche, die bei meinen Kindern und den Kindern des Kindergartens, in dem ich arbeite, unerwartet gut angekommen sind.

Der Ausgangspunkt ist Liebe. Das Lieblingsessen von Kindern ist oft ein bisschen leichter zu kauen. Es bewirkt, dass das Kind sich sicher fühlt – wie eine Umarmung im Mund.

Servieren Sie die Favoriten der Kinder nicht nur, wenn Freitag ist oder jemand Geburtstag hat, sondern auch, wenn das Kind aus dem Gleichgewicht gebracht ist und aufgemuntert werden muss. Wenn es in der Schule schwierig ist, wenn das Kind sich angestoßen hat oder wenn der Goldhamster des besten Freundes gestorben ist.

Das ist Liebe!

Hackfleischlasagne

Wenn ich Lasagne mache, lasse ich die Bechamelsoße meistens weg. Stattdessen gieße ich die Sahne direkt in die Hackfleischsoße. Sehr lecker und einfach!

500 g Hackfleisch, Lamm, Rind oder Kalb

1 gelbe Zwiebel, fein gehackt

1 Knoblauchzehe, fein gerieben

3 EL Butter

3 EL Tomatenmark

1 Karotte, fein gerieben

1 Pastinake, fein gerieben

1 Dose gehackte Tomaten

2 EL getrocknete Kräuter der Provence

1 TL Paprikapulver

Salz

300 ml Kochsahne

Schwarzer Pfeffer aus der Mühle

Lasagneblätter

3 dl geriebenen Käse, am besten Parmesan

1. Den Ofen auf 200 °C vorheizen und eine ofenfeste Form einfetten.

2. Hackfleisch, Zwiebeln und Knoblauch in Butter gut anbraten.

3. Tomatenmark, Karotte und Pastinake hinzufügen. Gut umrühren und noch einige Minuten anbraten.

4. Gehackte Tomaten, Kräuter der Provence, Paprikapulver und Salz dazugeben.

5. Mit geschlossenem Deckel ca. 10 Minuten köcheln lassen.

6. Zum Schluss die Sahne dazugießen und mit mehr Kräutern der Provence, Salz und schwarzem Pfeffer aus der Mühle abschmecken.

7. Die sahnige Hackfleischsoße mit den Lasagneblättern in der Form aufschichten. Mit Hackfleischsoße beginnen und aufhören.

8. Geriebenen Käse darüberstreuen.

9. Im Ofen ca. 30 Minuten backen.

10. Vor dem Servieren 10 Minuten ruhen lassen.

Mit Tomatensalat (Seite 178), Tsatsiki (Seite 163) und guten Oliven servieren.

 **Tipp**

Machen Sie die doppelte Menge, wenn Sie schon einmal dabei sind, dann können Sie die Hälfte einfrieren. Lasagne gehört zu den Speisen, die fast noch besser werden, wenn man sie auftaut und noch einmal aufwärmt.

Hamburger

Fleisch

Lammfrikadellen, siehe Rezept Seite 92

Oder die einfachste Art, die auch richtig lecker ist: siehe Text rechts.

1 Hackfleisch von guter Qualität kaufen. Rechnen Sie mit 100 g pro Person.

2 Zu Frikadellen formen, auf der Seite, die zuerst gebraten werden soll, salzen und pfeffern, in die Bratpfanne legen und auf der oberen Seite salzen und pfeffern, dann wenden.

3 Die Frikadellen möglichst in einer Teflonpfanne braten, dann muss kein Fett hinzugefügt werden. Oder – wenn Saison ist – auf den Grill legen.

Hamburgerbrot

1/2 Päckchen Hefe

2 EL Honig

1 EL Salz

100 ml Milch

500 ml lauwarmes Wasser

12–13 dl Weizenmehl

1 Die Hefe zuerst mit Honig und Salz auflösen.

2 Dann die Milch und das Wasser hinzufügen.

3 Das Mehl dazugeben und gut rühren, es wird ein loser Teig.

4 Unter einem Handtuch ca. 1 Stunde gehen lassen.

5 Den Teig auf ein gut bemehltes Backbrett stürzen.

6 Den Teig platt drücken, bis er ca. 1 cm dick ist.

7 Den Teig in geeignet große Brotstücke zerschneiden und die Stücke auf ein Blech mit Backpapier legen (man muss sie relativ dicht legen).

8 Den Ofen auf 225 °C vorheizen und das Brot hineinschieben, wenn der Ofen warm ist. 15 Minuten backen.

Beilagen

Tomatenscheiben

Salatblätter, Salzgurken

Käse in Scheiben

dünne Scheiben rote Zwiebeln

Ketchup und Senf

Dijon-Creme oder Bostonmayonnaise

Dijon-Creme

100 g Joghurt oder Crème fraîche

2 EL Dijon-Senf

1/2 TL Salz

Schwarzer Pfeffer aus der Mühle

Alles in einer Schüssel zusammenrühren.

Bostonmayonnaise

1 dl klein gehackte Gewürzgurken

50 g Mayonnaise

2 EL Schmand

Salz und Pfeffer

In einer Schüssel zusammenrühren.

Mit Kartoffelspalten und Schalen mit den Beilagen servieren.

Pizza

Ein richtiger Kühlschrankputzer, es gibt im Prinzip keine Grenzen dafür, was man auf eine Pizza legen kann. Wenn es um Kinder geht, ist es jedoch meistens das Original – Tomaten und Käse –, das am besten ankommt.

Es dauert relativ lange, Pizza zu machen, also passt es an Freitagen gut, wenn die Kinder mit einer Schale Karotten-Sticks vor dem Fernseher sitzen, während man in der Küche beschäftigt ist.

6 PERSONEN

Teig

50 g Hefe

500 ml Wasser

1 EL Honig

12–13 dl Weizenmehl (jedes passt, heben Sie das feine Mehl zum Brotbacken oder für frische Pasta auf)

1 TL Salz

1   Die Hefe im Wasser auflösen (Achtung: Das Wasser muss NICHT lauwarm sein).

2   Den Rest der Zutaten hineinmischen und zu einem geschmeidigen Teig kneten. Der Teig sollte ziemlich fest sein, aber es macht nichts, wenn er außen etwas klebrig ist. Mindestens 5 Minuten in der Küchenmaschine kneten.

3   1 Stunde gehen lassen.

Tomatensoße

1 EL Butter

1 EL Olivenöl

1 Knoblauchzehe, in dünne Scheiben geschnitten

1 EL Tomatenmark

1 Dose gehackte Tomaten

1 EL Zucker

1 TL Salz

1-2 TL Sambal Oelek

1 kleiner Schuss Weißweinessig

Oregano

1   Butter und Olivenöl bei schwacher Hitze in einem Topf mit dickem Boden schmelzen.

2   Die Knoblauchscheiben zusammen mit dem Tomatenmark in Öl und Butter weich werden lassen.

3   Den Rest der Zutaten hinzufügen, eine Weile schwach köcheln lassen, dann von der Platte nehmen und eine Weile ziehen lassen.

4   Mit dem Stabmixer pürieren.

Belag

Fetter Käse (28% und mehr)

Viele Kinder, die ich kenne, mögen am liebsten Margherita, Pizza nur mit Tomaten und Käse, und dann sind wir ja hier bereits fertig, aber unten folgen ein paar andere Vorschläge für Beläge, die sehr lecker sind:

Mozzarella
Feta
Ziegenkäse
Gegrillte Paprikascheiben (ca. 20 Minuten in geöltem Bräter bei starker Hitze angebraten)
Gegrillte Aubergine (Aubergine in Scheiben ca. 10 Minuten bei starker Hitze auf dem Rost gebacken)
Pinienkerne (passen sehr gut zu Ziegenkäse)
Gekochter Schinken (nie geräucherter)
Krabben
Salami
Gebratenes Lammhackfleisch (zusammen mit 1 EL Tomatenmark in Butter angebraten)
Rohe rote Zwiebel und einige Löffel Schmand, die daraufgegeben werden, wenn die Pizza aus dem Ofen kommt
Crème fraîche, rote Zwiebel und Rucola (auch im Nachhinein daraufgegeben)

Leckeres Kräuteröl zum Darüberträufeln, wenn man die Pizza aus dem Ofen nimmt:

Olivenöl
Weißweinessig
Ein Bund Basilikum
Ein Bund Petersilie
Sambal Oelek
Salz

Alles zusammenmixen.

Pizza backen

Teig
Mehl zum Ausbacken
Tomatensoße
Belag nach Wunsch
Oregano
Kräuteröl

1 Den Ofen auf 250 °C vorheizen und ein Backblech hineinschieben.

2 Den Teig auf ein bemehltes Backbrett stürzen und in 3 Teile teilen.

3 Die Teile zu Kugeln zusammenrollen, 2 unter ein Küchenhandtuch legen und das Nudelholz bereitlegen.

4 Den Teig ausrollen, bis er so groß wie ein Bräter ist, oft wenden. Nicht ärgern, wenn der Teig am Backbrett festklebt. Dann muss man einfach von vorne anfangen und ein bisschen mehr Mehl verwenden.

5 Den Teig vorsichtig auf ein Backpapier legen und mit dem Belegen beginnen: Zuunterst Tomaten, dann Käse und dann den Belag, den man haben möchte.

6 Das Backpapier mit der fertig belegten Pizza auf das heiße Blech hinüberziehen.

7 Die Pizza bei starker Hitze 10–12 Minuten backen. Die Ränder sollen goldbraun sein, dann ist sie fertig.

8 Wahlweise Kräuteröl darüberträufeln und mit Oregano bestreuen (Oregano gibt den „richtigen" Pizza-Geschmack).

Die Pizza sollte gegessen werden, solange sie warm ist: Lassen Sie daher die Kinder am Tisch sitzen und essen, während Sie die zweite Pizza zubereiten.

 **Tipp**

Man kann auch den Pizzateig am Abend zuvor machen und ihn im Kühlschrank über Nacht gehen lassen. Dann ist er ein wenig leichter zu bearbeiten. Denken Sie in diesem Fall daran, die Hefemenge zu halbieren.

Sopa de carne mejicana

Ich mag es, wenn Suppen richtig dick sind. Von allen Suppen, die ich während meiner Zeit als Vorschulköchin serviert habe, ist diese zweifellos die beliebteste.

1 gelbe Zwiebel, fein gehackt

1 Knoblauchzehe, gerieben

3 EL Olivenöl

200 g Hackfleisch

2 TL Kreuzkümmel

2 TL Paprikapulver

1 TL Curry

1 EL getrockneter Oregano

3 EL Tomatenmark

1 l Fleischbrühe

4 Kartoffeln, in Würfel geschnitten

1 rote Paprika, fein gehackt

1 Zwiebel und Knoblauch in Öl anbraten. Zur Seite stellen.

2 Das Hackfleisch zusammen mit den Kräutern und dem Tomatenmark anbraten.

3 Die gebratenen Zwiebeln und den Knoblauch dazugeben und mit Brühe aufgießen.

4 Kartoffeln und Paprika hineinlegen und 30 Minuten kochen lassen.

Mit Schmand und warmem Baguette servieren.

Hühnerbrustfilet mit Tomatensalsa, Couscous und Zucchinisalat

Auf diese Art und Weise bereite ich Hühnerbrustfilet am liebsten zu. Wenn man das Hähnchen zuerst in der Pfanne brät und dann noch im Ofen backt, bleibt es saftig.

Hähnchen

400 g Hühnerbrustfilet
1 EL getrockneter Rosmarin
1 EL getrockneter Oregano
Salz und schwarzer Pfeffer
2 EL Olivenöl
2 EL Butter

1 Den Ofen auf 225 °C vorheizen.
2 Die Hühnerbrustfilets würzen. Darauf achten, dass rundherum Gewürze sind. Vorsichtig salzen und pfeffern.
3 In einer Pfanne bei starker Hitze auf beiden Seiten in Olivenöl und Butter braten.
4 Das Hähnchen in eine ofenfeste Form legen und im Ofen ca. 10 Minuten backen.

Tomatensalsa

1 gelbe Zwiebel, fein gehackt
1 Knoblauchzehe, fein gehackt
1 EL getrockneter Rosmarin oder Oregano (oder sowohl als auch)
2 EL Tomatenmark
Öl
1 Pastinake, geschält und in Scheiben geschnitten
1 Karotte, geschält und in Scheiben geschnitten
1 Dose gehackte Tomaten
Salz und Pfeffer

1 Zwiebel, Knoblauch, Gewürze und Tomatenmark in Öl bei mittlerer Hitze 5 Minuten anbraten.
2 Wurzelgemüse hinzufügen und weitere 5 Minuten braten.
3 Gehackte Tomaten dazugeben und mindestens 15 Minuten kochen lassen.
4 Mit einem Stabmixer glatt pürieren.
5 Mit Salz, Pfeffer und vielleicht etwas Zitrone abschmecken.

Zucchinisalat

1 Zucchini
1 dl gehacktes Basilikum (frisch)
2 EL Olivenöl
Saft einer halben Zitrone
1 dl geröstete Kerne, z. B. Sonnenblumen- oder Kürbiskerne
Salz

1 Zucchini mit Hilfe eines Käsehobels der Länge nach in Scheiben schneiden.
2 Mit den übrigen Zutaten mischen.

Mit Couscous (Seite 160) servieren.

Panierter Fisch in kalter Soße

Panierter Fisch in einer kalten Soße bringt mich schnell zurück nach Spanien. Als ich in Ronda war, um Spanisch zu lernen, lud mich meine Gastfamilie oft zu paniertem „merluza con mayonesa" ein. Nach diesem Aufenthalt war ich eine Zeit lang fast süchtig nach Mayonnaise. Nicht ganz gesund, aber so schrecklich lecker.

Panierter Fisch

600 g Filets von weißem Fisch, z. B. Seelachs

1 TL Salz und ein bisschen weißer Pfeffer aus der Mühle

Saft einer Zitrone

knapp 1 dl Weizenmehl

2 Eier

2 dl Semmelbrösel

3 EL Butter zum Braten

1 Filets in Stücke von geeigneter Größe schneiden.

2 Salzen, pfeffern und die Zitrone darüberpressen.

3 Die Filets in Weizenmehl, danach in verquirltem Ei und zum Schluss in Semmelbröseln wenden.

4 Bei mittlerer Hitze in Butter braten, bis die „Fischstäbchen" eine goldene Farbe angenommen haben und durchgebraten sind (ca. 8 Minuten).

Saure Sahne-Soße

300 g saure Sahne oder Joghurt

1 EL Dijon-Senf

1/2 dl fein gehackter Dill, Schnittlauch oder/und Petersilie

Salz und schwarzer Pfeffer nach Geschmack

1 Alle Zutaten für die Soße vermischen.

Mit gekochten Kartoffeln, grünen Bohnen, Radieschen und geriebenen Karotten servieren.

Tomatensuppe mit gegrillter Paprika, Ziegenkäse und gerösteten Kernen

Diese Suppe ist ein bisschen aufwändiger, aber die Mühe lohnt sich.
Die Nudeln schmecken viel besser, wenn man sie separat kocht und dann erst in die Suppe gibt, als wenn man sie direkt in der Suppe kocht. Außerdem wird die Suppe durch die Stärke der Nudeln dicker als nötig.

4–6 Personen

2 rote Paprika
1 EL Olivenöl
1 gelbe Zwiebel, fein gehackt
2 Knoblauchzehen, gerieben
1 EL Butter
1 TL Salz
1 EL getrockneter Rosmarin
2 TL Kreuzkümmel
2 EL Tomatenmark
1 kg frische, richtig rote, gute Tomaten
1 EL Zucker
100 ml Weißwein oder frisch gepresster Zitronensaft
700 ml Gemüsebrühe
1–2 EL Honig
1 dl frisches Basilikum
1 TL Sambal Oelek
1 cm dicke Scheibe Ziegenkäse
200 g Nudeln, al dente gekocht und mit kaltem Wasser abgeschreckt
1 dl geröstete Sonnenblumenkerne oder Kürbiskerne

1 Den Ofen auf die höchstmögliche Temperatur vorheizen.

2 Paprika teilen, das Kerngehäuse herausnehmen, Olivenöl darüberträufeln.

3 Im Ofen grillen, bis die Schale anfängt, schwarz zu werden, und die Paprika weich ist.

4 Zwiebel und Knoblauch in Butter und Öl „schmelzen" lassen, ohne dass sie Farbe annehmen.

5 Salz, Gewürze und Tomatenmark hinzufügen.

6 Tomaten grob hacken und zu der Zwiebeln-Tomatenmark-Mischung geben.

7 Zusammen mit dem Zucker noch einige Minuten weiter braten lassen.

8 Wein oder Zitronensaft und Gemüsebrühe dazugeben und 10 Minuten kochen lassen.

9 Honig, gegrillte Paprika, Basilikum, Sambal und Ziegenkäse hinzufügen.

10 Die Suppe glatt pürieren und eventuell mit mehr Salz, Honig und Zitrone abschmecken.

11 Die Pasta in die Suppe geben und warm werden lassen.

12 Sonnenblumen- oder Kürbiskerne darüberstreuen und mit frischen Kräutern, z. B. Thymian oder glatter Petersilie dekorieren.

Wurst Stroganoff mit etwas Pfiff

Es gibt eine große Auswahl an guten Würsten in den Läden, also trauen Sie sich, die würzigeren Sorten zu verwenden. Wenn man kein pikantes Stroganoff haben möchte, nimmt man eine mildere Wurst, z. B. Cabanossi.

300 g würzige Wurst, z. B.
* Chorizo*

2 EL Butter

3 EL Tomatenmark

1/2 gelbe Zwiebel, fein gehackt

1 Knoblauchzehe, fein gehackt

Öl

300 ml Kochsahne

250 g Kirschtomaten, halbiert

Salz nach Geschmack

1 Die Wurst in mundgerechte Stücke schneiden.

2 Die Wurst zusammen mit dem Tomatenmark, der Zwiebel und dem Knoblauch einige Minuten anbraten.

3 Sahne und Tomaten hinzufügen.

4 Einige Minuten köcheln lassen, mit Salz abschmecken.

Mit gutem Reis servieren.

 **Tipp**

Lammwurst – Merguez

Inzwischen kann man in den meisten Lebensmittelgeschäften Merguezwurst kaufen.

2 Würste pro Erwachsener

1 Wurst pro Kind

Die Wurst bei mittlerer Hitze 5–8 Minuten in Butter braten.
Mit Topinambur-Bulgur (Seite 160), Tomatensalat mit Avocado (Seite 178) und Ingwercreme (Seite 96) servieren.

Thai-Hähnchen

Dieses vereinfachte Thai-Gericht lässt sich schnell zubereiten. Es ist zu einem festen Gericht auf den Geburtstagen meines Sohnes Harry geworden. Servieren Sie es mit frischen Korianderblättern, Avocado, roter Zwiebel, Limettenspalten und gerösteten Sesamsamen in kleinen Schalen auf dem Tisch.

600 g frische Hühnerfilets, am besten vom Schenkel

1 Dose Kokosmilch

50 ml Sweet Chili

1 TL Curry

2 EL in Scheiben geschnittener Ingwer

2 Knoblauchzehen, in Scheiben geschnitten

1 ausgepresste Limette

2 EL Sojasoße

1 EL Fischsoße

1/2 TL Salz

1 Den Ofen auf 225 °C vorheizen.

2 Die Hühnerfilets in kleinere Stücke schneiden.

3 Alle anderen Zutaten in einer Schüssel miteinander vermischen, abschmecken und darauf achten, dass es salzig genug ist.

4 Die Mischung über das Hähnchen gießen.

5 Ca. 15 Minuten im Ofen stehen lassen, bis das Hähnchen ganz durch ist.

Mit Jasminreis, Avocado und frischen Tomaten mit gerösteten Sonnenblumenkernen und Gurkensalat (Seite 172) servieren.

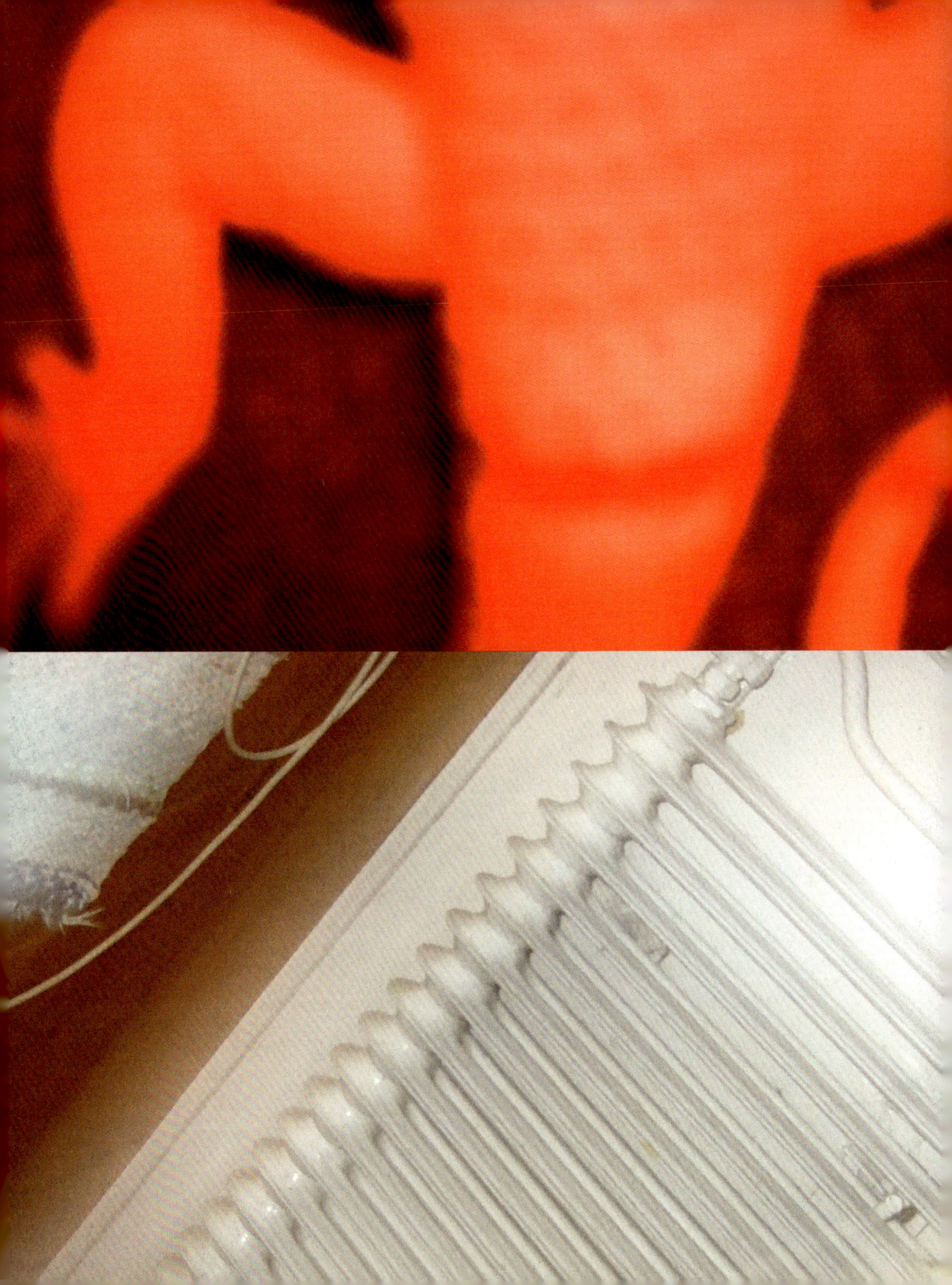

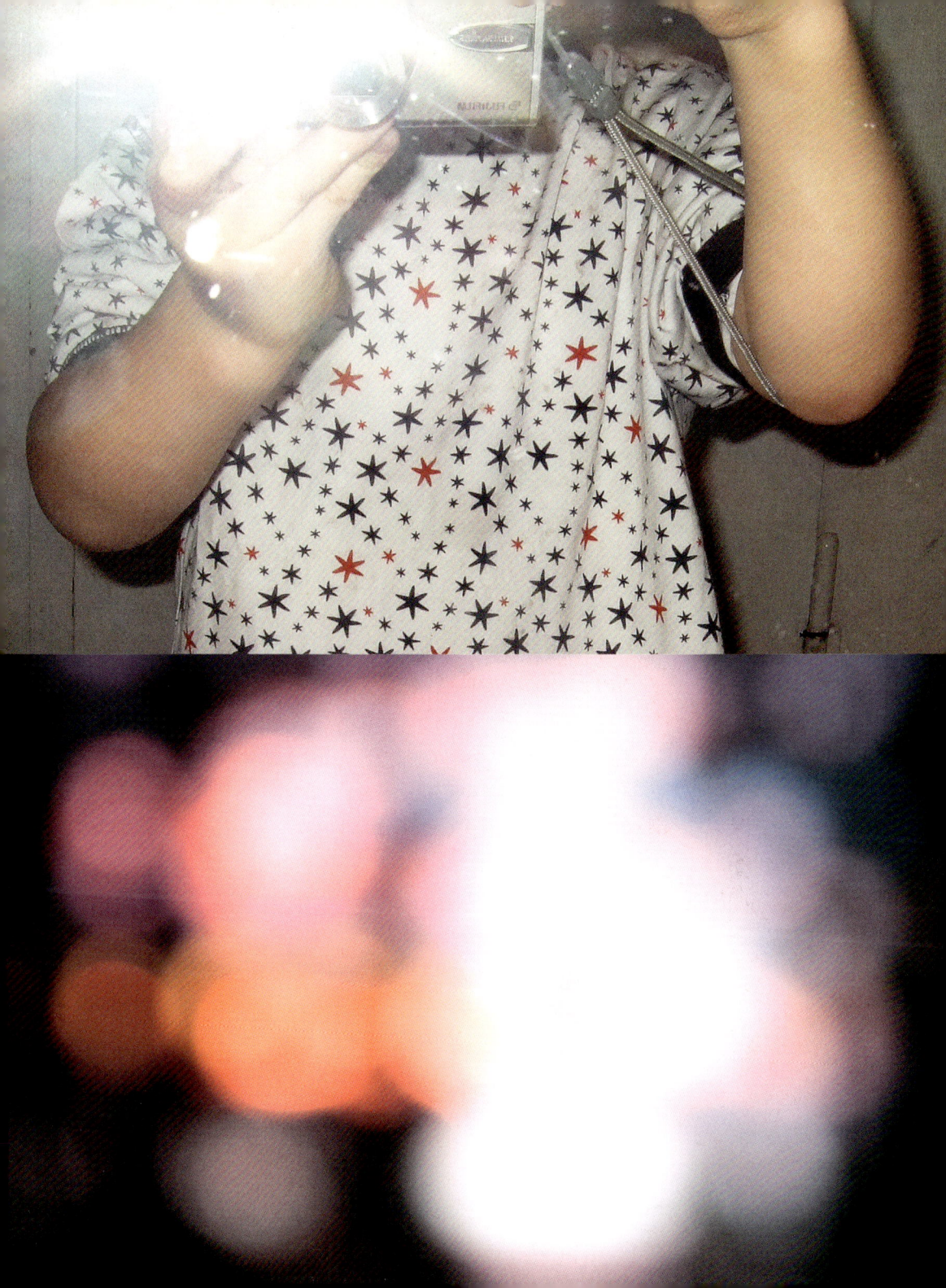

Lachsauflauf mit zerlassener Butter

In einem klassischen Lachsauflauf verwendet man gepökelten Lachs, aber meiner Meinung nach ist er mit frischem Lachs sehr lecker. Manchmal peppe ich das ganze noch auf, indem ich frischen Spinat zwischen die Kartoffelscheiben und den Lachs lege. Ein Gemüsehobel erleichtert die Arbeit, weil die Kartoffeln in sehr dünne Scheiben geschnitten werden müssen.

400 ml Milch

3 Eier

1 dl fein gehackter Dill

Salz

Weißer Pfeffer aus der Mühle

1 kg geschälte Kartoffeln, in sehr dünne Scheiben geschnitten

1 Stange Lauch, fein gehackt

300 g frischer Lachs, in sehr dünne Scheiben geschnitten

eventuell 200 g frischer Spinat

50–100 ml zerlassene Butter

1 Den Ofen auf 200 °C vorheizen und eine ofenfeste Form einfetten.

2 Milch, Eier und Dill miteinander verschlagen, mit Salz und weißem Pfeffer aus der Mühle abschmecken.

3 Kartoffeln, Lauch, Lachs, eventuell Spinat und Rührei aufschichten. Mit einer Schicht Kartoffeln abschließen.

4 Im Ofen ca. 1 Stunde backen. Mit Aluminiumfolie bedecken, wenn die Oberfläche beginnt, dunkel zu werden.

5 Die warme zerlassene Butter darübergießen.

Mit großen Zitronenspalten und Knäckebrot mit gut gereiftem Käse servieren.

Kann man von nur Spaghetti mit Hackfleischsoße sterben?

Als Eltern ist man im Prinzip allmächtig, was das Aufwachsen und die Entwicklung des eigenen Kindes angeht. Nicht zuletzt beim Essen. Natürlich hat man auch im Kindergarten und in der Schule Verantwortung, aber alle Gewohnheiten, sowohl die guten als auch die schlechten, haben ihren Ursprung in den Beschlüssen, die wir Eltern fassen, und in unserer Kenntnis oder Unkenntnis. Wenn die Kinder sich falsch ernähren, ist das unsere Verantwortung, nicht die des Kindes. Was kann man also tun? Woran soll man sich halten?

Die Kinderärztin Hulda Dúa Ardal sagt dazu:
— Nicht nur, was wir essen, ist von Bedeutung, sondern auch, wie wir essen. Es ist genauso wichtig, sich zu setzen und gemeinsam zu essen, wie etwas zu essen, das nahrhaft und gesund ist.
— Wenn wir zusammen essen und uns unterhalten, dauert die Mahlzeit lange, und der Körper kann auf das, was wir zu uns nehmen, reagieren. Erst in ungefähr 20 Minuten tritt ein Sättigungsgefühl ein. Wenn wir zu schnell essen, ist das Risiko groß, dass wir zu viel essen.

Vorne im Buch schreibt Jesper Juul, dass „noch niemand gestorben ist, weil er sich monatelang nur von Spaghetti mit Hackfleischsoße ernährt hat". Stimmt das? Die Diätassistentin Saskia Runström meint dazu Folgendes:
— Ja, das stimmt, aber es besteht das Risiko, dass eine so einseitige Kost auf lange Sicht zu einem Mangel an verschiedenen Nährstoffen führt.
— Ein anderes Risiko ist, dass das Kind der Spaghetti mit Hackfleischsoße überdrüssig wird, so dass es weniger isst und auf lange Sicht das

Wachstum ausbleibt. Andererseits ist es besser, dass das Kind etwas isst, das es mag, als überhaupt nichts. Es wird wieder damit aufhören. Aber wenn man beunruhigt ist, sollte man natürlich einen Diätassistenten oder Kinderarzt kontaktieren.

Viele Kinder wollen direkt vor dem Zubettgehen noch etwas essen. Aber ist es gut, sich mit vollem Bauch ins Bett zu legen?
– Man soll nicht hungrig ins Bett gehen. Im Gegenteil, es kann sogar positiv sein, spät zu essen, weil die Zeit des Nachtfastens kürzer wird und das Kind wahrscheinlich besser schläft. Aber vermeiden Sie schnelle Kohlenhydrate wie Zucker, Weißbrot oder Süßigkeiten.

Können Sie uns als Diätassistentin einen Rat, eine Grundregel in Bezug auf Kinder und Ernährung?
– Essen soll genussvoll sein. Wenn es das nicht ist, hat das Kind keine Freude am Essen. Dann ist es auch egal, was man serviert.

Basics

In diesem Kapitel findet sich alles von Pesto bis Wurzelgemüsepüree, also Beilagen, die man entweder als Ergänzung optional zur Mahlzeit auf den Tisch stellen kann oder die meiner Meinung nach zu den Gerichten serviert werden sollten.

Salat gehört immer dazu. Vergessen Sie nicht, ein gutes Dressing zuzubereiten – oder stellen Sie, wenn wenig Zeit ist, Öl, Essig und Salz direkt auf den Tisch.

Als ich das Tagescafé in Stockholm betrieb, habe ich nur nahrhafte Salate serviert. Zu jedem Salat gab es ein oder ein paar geschmacklich besondere Details. Das konnte eine Kleinigkeit sein, etwa geröstete Kürbiskerne oder fein gehobelter Parmesankäse, die die Zutaten des Salates noch unterstrich.

Hier finden Sie eine lange Liste mit Beilagen, die dem Essen Pfiff geben. Experimentieren Sie selbst! Probieren Sie neue Kombinationen, dann können Sie die Rezepte im Buch unendlich variieren.

Ein gedeckter Tisch ist wie ein Bild. Teller, Gläser, hübsche Servietten vielleicht, Kerzen, wenn es festlich ist. Und dann die Beilagen. Ich finde es nicht schön, wenn es auf dem Tisch leer aussieht. Kleine Schalen mit Snacks und Soßen bereichern nicht nur das

Geschmackserlebnis beim Essen, sondern auch den
visuellen Gesamteindruck, und schaffen eine
gemütliche Stimmung. Es macht auch Spaß, auf
dem Flohmarkt kleine Schalen zu kaufen und zu
sammeln. Manchmal bekommt ein Gefäß
auch eine eigene Verbindung zu ihrem
Inhalt. Die Kinder lernen bald, dass
wir „die da für Pesto"
benutzen, oder aber:
„Papa, Oma hat die
blaue Ketchupschale
kaputt gemacht, als
sie gestern gespült
hat, wir müssen
eine neue
kaufen."

Bulgur kochen

1 EL Butter
1 EL Olivenöl
1 Knoblauchzehe, gerieben
1 EL getrocknete Kräuter der Provence (oder getrockneter Oregano oder Rosmarin)
3 dl grober Bulgur
400 ml Wasser
1 TL Salz

1 Butter und Olivenöl in einem Topf schmelzen, Knoblauch, Kräuter und Bulgur hinzufügen. Ein paar Minuten anbraten lassen.

2 Wasser und Salz hinzufügen.

3 Bei schwacher Hitze zugedeckt ca. 10 Minuten kochen lassen.

Man kann Bulgur auf verschiedene Weise variieren:

Safran-Bulgur
Gut zu Krabben, spanischen Gerichten und Hähnchen!
Wie oben zubereiten, aber ein halbes Päckchen Safran hinzufügen, wenn der Bulgur angebraten wird.

Parmesan-Bulgur
Gut zu geräuchertem Fleisch oder Fisch!
Den fertig gekochten Bulgur mit folgenden Zutaten vermischen:

2 fein gehackte Gemüsezwiebeln (weglassen, wenn Zwiebeln nicht gemocht werden)
1 dl grob geriebener Parmesan- oder anderer Hartkäse
1/2 dl grob gehackte glatte Petersilie
1/2 dl fein gehackter Dill

Topinambur-Bulgur

200 g Topinambur, geschält und in kleinere Stücke geschnitten
2 EL Olivenöl
1 TL Salz
2 TL getrockneter Rosmarin
4 dl gekochter Bulgur
1 dl geröstete Pistazien
1 dl Sultaninen (gelbe Rosinen, normale gehen natürlich auch!)
1 kleine rote Zwiebel, fein gehackt
1 dl grob gehackte frische Minze oder Basilikum
2 EL frisch gepresster Zitronensaft
Salz

1 Topinambur im Ofen bei 225 °C 10 Minuten rösten.

2 Den warmen Topinambur mit den restlichen Zutaten vermischen.

3 Mit Salz abschmecken.

Couscous kochen

1 EL Butter
1 EL Olivenöl
1 Knoblauchzehe, fein gehackt
1 TL Kurkuma
400 ml Gemüsebrühe
4 dl Couscous

1 Butter und Öl in einem Topf schmelzen. Knoblauch und Kurkuma kurz anbraten lassen.

2 Gemüsebrühe hinzufügen und aufkochen lassen.

3 Den Topf vom Herd nehmen, Couscous dazugeben.

4 Mit geschlossenem Deckel ca. 8 Minuten quellen lassen.

Vorschläge für Gemüse und anderes, mit dem man Essen gut variieren kann

Nachdem Obst so gesund ist, serviere ich es gerne als „Gemüse" zum Essen. Stellen Sie vor dem Essen hübsch aufgeschnittenes Obst oder Gemüse auf den Tisch, das meistens wie von selbst weggeht. Es mag sich lohnen, in eine japanische Gemüseschneidemaschine zu investieren: Man kann unglaublich vielfältige, lustige und schöne Gemüseformen schaffen. Sie kostet zwar einiges, aber das ist sie wert!

Artischocken

Maiskolben

Avocado

Zuckererbsen

Grüne Erbsen

Broccoli

Blumenkohl

Sprossen

Hüttenkäse

Geriebene Rote Bete mit gerösteten Kürbiskernen und frisch gepresstem Orangensaft

Grob geriebene Zucchini mit Basilikum und gerösteten Sonnenblumenkernen

Grob geriebene Karotte mit gehackter glatter Petersilie und gerösteten Kernen

Melone

Granatapfel

Apfelstücke

Orangenfilets (Orange mit einem Messer schälen und die äußere Haut der Spalten entfernen. Das Fruchtfleisch mit einem scharfen Messer aus den Spalten herausschneiden.)

Grapefruitfilets

Gurkensalat

Tomatensalat

Krautsalat

Karottensalat mit Minze

Hummus

Pestobohnen

Kidneybohnen mit Kräuteröl

Kichererbsensalat

Kartoffelsalat

Avocadocreme

Die cremige, milde Variante

2 reife Avocados
100 g Crème fraîche
1/2–1 TL Salz
Schwarzer Pfeffer aus der Mühle
Saft einer halben Zitrone

Avocado mit einer Gabel zerdrücken und mit den übrigen Zutaten vermischen. Mit Salz, Pfeffer und Zitronensaft abschmecken.

Avocadocreme mit etwas mehr Pfiff

2 reife Avocados
Saft einer Limette
1 Knoblauchzehe
1/2 fein gehackte rote Chili oder 1 TL Sambal Oelek
1 EL fein geriebener Ingwer
eventuell 2 EL fein gehackter Koriander
Salz und Pfeffer nach Geschmack

Genauso zubereiten wie oben.

Aioli

Aioli ist ein Klassiker zu Fischsuppe, passt aber auch zu vielem anderen, z. B. zu gutem Fleisch wie Lammfilet. Denken Sie daran, dass alle Zutaten Zimmertemperatur haben sollten.

1 Ei
1 Knoblauchzehe, fein gerieben
einige Tropfen Tabasco
1–2 EL Apfelessig oder Zitronensaft
200 ml Rapsöl (nicht kaltgepresst)
Salz

1. Alle Zutaten außer dem Öl in einer Schüssel mit rundem Boden mischen.
2. Das Öl unter ständigem Rühren in einem feinen Strahl dazugießen.
3. Mit Salz abschmecken.

Geschmacksvariationen:

2 EL fein gehackter Thymian (gut zu Lamm)
1 Päckchen Safran (gut zu Garnelen)
1 EL Sambal Oelek
2 EL geriebener Meerrettich (gut zu gegrilltem Lachs)
1 EL Dijon-Senf (gut zu geräuchertem Schinken)
Schale einer Zitrone, gerieben, und 1 EL fein gehackter Dill (gut zu paniertem Fisch)

Pesto

Richtig gutes Pesto ist eines der leckersten Dinge, die es gibt. Hat man es zu Hause, muss man nur Spaghetti kochen und man hat in 8 Minuten ein Abendessen.

1 Päckchen Pinienkerne (ca. 70 g)
1 Bund frisches Basilikum
1 Bund Petersilie
1 Knoblauchzehe, gerieben oder gepresst
100 ml Olivenöl
1/2 dl geriebener Parmesan
Salz
Pfeffer
ein Schuss frisch gepresster Zitronensaft

1   Die Pinienkerne in einer sauberen Pfanne schön braun rösten und abkühlen lassen.
2   Pinienkerne mit Basilikum, Petersilie, Knoblauch und Olivenöl pürieren.
3   Den Parmesan untermischen.
4   Mit Salz, Pfeffer und etwas Zitrone abschmecken.

Pinienkerne sind ziemlich teuer. Für eine größere Menge kann man zur Hälfte geröstete Sonnenblumenkerne nehmen. Das schmeckt hervorragend.

Erbsenpesto für viele

5 dl kalte gekochte grüne Erbsen, ohne Salz gekocht
1 Bund Basilikum
1 Bund glatte Petersilie
2 dl geriebener Parmesan
100 ml Rapsöl
100 ml Olivenöl
1 Knoblauchzehe, gerieben
2 dl abgekühlte geröstete Sonnenblumenkerne
1/2 TL Salz
ein Schuss Zitrone
etwas schwarzer Pfeffer

Alles in eine Küchenmaschine geben und zur gewünschten Konsistenz mixen.
Passt zu Hähnchen, Pasta oder einem Stück Fleisch ... oder als Aufstrich auf ein gutes Bauernbrot.

Tsatsiki

1/2 kleine Gurke
300 g Joghurt
3 EL Olivenöl
1 Knoblauchzehe, gerieben
Salz und schwarzer Pfeffer
eventuell 1 TL Apfelessig

1   Die Gurke reiben und die Flüssigkeit durch ein Sieb herauspressen.
2   Die Gurke mit sämtlichen Zutaten vermischen.

Hummus

Dieses Kichererbsenmus, das leicht zuzubereiten ist, schmeckt gut zu Knäckebrot mit frischer roter Paprika.

1 Dose Kichererbsen
50 ml Pflanzenöl oder Olivenöl
1 TL Sesamöl
1–2 EL Kreuzkümmel
1 Knoblauchzehe
1/2 dl glatte Petersilie oder frische Minze
Saft einer halben Zitrone
Salz nach Geschmack

1   Die Kichererbsen abgießen und in kaltem Wasser abspülen.
2   Sämtliche Zutaten in eine Schüssel geben und mit einem Stabmixer glatt mixen.
3   Eventuell mit mehr Salz und Zitronensaft abschmecken.

Kichererbsensalat

Sehr einfach, aber so lecker.

1 Dose Kichererbsen
1/2 dl grob gehackte glatte Petersilie
1 Zitrone, Saft und fein geriebene Schale
1 dl Radieschen, in dünne Scheiben geschnitten
Salz und eventuell ein wenig gutes Olivenöl

1   Die Kichererbsen in kaltem Wasser gut abspülen.
2   Mit den übrigen Zutaten mischen.
3   Mit Salz und eventuell etwas Olivenöl abschmecken.

Kidneybohnen mit Kräuteröl

Gutes Fingerfood vor dem Essen für die Kleinen oder als Beilage für vieles.

1 Dose Kidneybohnen
1 EL fein gehackte glatte Petersilie
1/2 dl geröstete Sonnenblumenkerne
100 ml Kräuteröl (Seite 166)

1   Bohnen abgießen und in kaltem Wasser gut abspülen.
2   Mit sämtlichen Zutaten vermischen.

Pestobohnen

Bohnen kann man auf viele unterschiedliche Arten servieren. Probieren Sie diese cremige Variante! Sie passt gut als Beilage zu Nudelgerichten.

1 Dose Butter- oder Saubohnen
3 EL Pesto (Seite 163)
2 EL Crème fraîche
2 EL frisch gepresster Zitronensaft
Salz
Schwarzer Pfeffer aus der Mühle

1   Die Bohnen abgießen und in kaltem Wasser gut abspülen.
2   Mit Pesto, Crème fraîche und Zitronensaft mischen.
3   Mit Salz und schwarzem Pfeffer aus der Mühle abschmecken.

Klassisches Essigdressing

Das ist die Basis aller Salatdressings:
Merken Sie sich das Verhältnis Essig zu
Öl, im Falle dass der Salat im letzten
Moment auf den Tisch kommt.

1 Teil Essig
3 Teile Öl

Verfeinern Sie zum Beispiel mit:

1 geriebenen Knoblauchzehe
1 TL Dijon-Senf
1 TL getrocknetem Estragon
Salz und schwarzem Pfeffer aus der
*   Mühle*

Entscheiden Sie selbst, welchen Essig
Sie verwenden: Balsamico, Apfelessig,
Sherry ... Dasselbe gilt für das Öl:
Oliven-, Pflanzen- oder Rapsöl ...

Kräuteröl

Dieses wohlschmeckende Öl hält sich
ein paar Tage im Kühlschrank.
Verwenden Sie die Kräuter, die Sie und
Ihre Familie am liebsten mögen, aber
immer mit glatter Petersilie als Basis.

1 dl frische Minze
1 dl frisches Basilikum
1 dl frische glatte Petersilie
1 TL rote Chili
1 Knoblauchzehe
Saft einer Zitrone
100 ml Rapsöl, nicht kaltgepresst!
Salz

Sämtliche Zutaten zu einem glatten Öl
pürieren. Mit Salz abschmecken.

Karotten-Estragon-Vinaigrette

Diese Vinaigrette ist ein wenig anders, weil sie aus Karotten gemacht ist. Dadurch
bekommt sie sowohl eine hübsche orange Farbe als auch einen runden Geschmack,
der ausgezeichnet zu Ei und Avocado passt.

1 große Karotte
200 ml Wasser
1 EL getrockneter Estragon
50 ml Apfelessig
1 EL Honig
150 ml Pflanzenöl
Salz und schwarzer Pfeffer aus der Mühle

1 Die Karotte in Stücke schneiden
   und in leicht gesalzenem Wasser
   ca. 10 Minuten kochen lassen.

2 Die Karottenstücke im Kochwasser
   liegen lassen und mit einem
   Stabmixer mit Estragon, Apfelessig
   und Honig pürieren. Während des
   Pürierens das Öl in einem feinen
   Strahl hinzufügen.

3 Mit Salz und Pfeffer abschmecken.

Frische Artischocken mit Zitronenbutter

Wenn Saison für Artischocken ist, sollte man sie so oft wie möglich essen. An einer Artischocke ist nicht viel dran, aber sie ist hübsch, lecker und macht den Kindern Spaß. Berechnen Sie eine kleine Artischocke pro Person als Beilage für ein anderes Essen.

1   Den Stengel abschneiden, die untersten Blätter entfernen und die Artischocke gut abspülen.
2   In leicht gesalzenem Wasser je nach Größe 20–50 Minuten kochen. Kontrollieren, ob die Artischocke fertig ist, indem man ein Blatt abtrennt: Es soll sich einfach lösen.
3   Mit einem Schaumlöffel herausnehmen und gut abtropfen lassen.

Mit Zitronenbutter und Zitronenspalten servieren.

Zitronenbutter

100 g Butter und 100 ml Olivenöl mit einem Rührgerät verquirlen, bis die Masse luftig ist. 1 EL Zitronenschale hineinreiben.

Maiskolben

Im Sommer essen wir in unserer Familie so gut wie jeden Tag Maiskolben. Sie sind schneller zubereitet, als man glaubt.

Berechnen Sie 1 Maiskolben pro Person.

1   Wasser in einem großen Topf aufkochen lassen.
2   Maiskolben hineinlegen, leicht salzen und 5–10 Minuten kochen lassen. Kocht man die Maiskolben länger, werden sie nur härter.

Mit Butter und Salz servieren. Einfach und sehr lecker!

Zuckererbsen

Süße Zuckererbsen sollte man sich manchmal gönnen, finde ich.

100 g Zuckererbsen
Salz und Pfeffer

1   Wasser in einem Topf aufkochen lassen, Zuckererbsen hineinlegen und 2 Minuten kochen lassen.
2   Ein wenig salzen und pfeffern.

Als Pfiff kann man 2 EL angebräunte Butter und 1/2 dl gehobelten Parmesan über die Zuckererbsen geben.

Melonensalat

In gut sortierten Küchengeschäften kann man einen kleinen Kugelausstecher kaufen, mit dem man den Melonensalat auch optisch für Kinderaugen schön anrichten kann.

1 Galia-Melone

1 Charentais-Melone – oder was Sie für Melonen mögen und finden. Am besten mischen Sie verschiedene Sorten Zuckermelonen.

1 Granatapfel

1 Limette

Einige Minzblätter

1 Die Melonen in der Mitte teilen. Die Kerne aushöhlen. Mit dem Kugelausstecher kleine Kugeln machen – oder in unregelmäßige Stücke schneiden.

2 Den Granatapfel zerteilen und die Kerne herauslösen.

3 Alles in eine hübsche Schüssel geben, Limettensaft darüberpressen, Minzblätter hinzufügen und umrühren.

Schmeckt sehr gut mit Feta, Cashewkernen und Tsatsiki.

Minzkarotten

Karotten sind süß und gesund. Bio-Karotten braucht man nicht zu schälen, sondern nur abzuwaschen.

2 Karotten, am besten biologisch

3 EL frische Minze

1 EL flüssiger Honig

1 Zitrone, Saft und geriebene Schale

Salz, schwarzer Pfeffer aus der Mühle

ein wenig gutes Olivenöl

1 Wasser aufkochen und salzen.

2 Die Karotten in mundgerechte Stücke schneiden.

3 Karotten im Wasser ca. 5–10 Minuten kochen. (Ich mag es, wenn sie noch gut bissfest sind, aber das ist Geschmackssache.)

4 Die Karotten in kaltem Wasser abspülen. Mit Minze, Honig und Zitrone mischen. Mit Salz, Pfeffer und gutem Olivenöl abschmecken.

Krautsalat

Der Salat hält sich mindestens fünf Tage im Kühlschrank. Kohl ist billig, gesund und sehr lecker.

1/2 kg Weißkohl
Kräuteröl (Seite 166)

1 Den Weißkohl in feine Streifen schneiden. Mit den Händen durchkneten, so dass er weich wird.

2 Den Kohl mit dem Kräuteröl mischen.

Als Varianten kann man Folgendes machen:
Eine grob geriebene Karotte, Zitronensaft und geröstete Sonnenblumenkerne untermischen.
Geriebenen Apfel und Naturjoghurt und etwas Curry untermischen.

Apfel-Karotten-Salat

2 Karotten, grob gerieben
2 grüne Äpfel, in kleine Würfel geschnitten
1 Gurke, entkernt und in dünne Scheiben geschnitten.
1/2 dl geröstete Sonnenblumenkerne
etwas gutes Olivenöl, Salz, schwarzer Pfeffer aus der Mühle und ein wenig frisch gepresster Zitronensaft

Alle Zutaten mischen. Mit Olivenöl, Salz, Pfeffer und Zitronensaft abschmecken.

Gurkensalat mit frischem Ingwer und Sesamöl

Gurkensalat mit ein wenig Schärfe schmeckt genauso gut zu Fleischbällchen wie zu Lachsfrikadellen.

1 Gurke, geschält und entkernt
1 Knoblauchzehe, fein gehackt
1 EL fein geriebener Ingwer
eventuell 1 TL fein gehackte Chili
1/2 TL Salz
1/2 EL Rohzucker
1 1/2 EL Weißweinessig
1 TL Sesamöl

1 Sämtliche Zutaten in einer Schüssel mischen.

2 Mindestens 10 Minuten stehen lassen.

Kartoffelgratin

Wenn man es eilig hat, kann man alles außer dem Käse 10 Minuten in einem Topf kochen, in eine ofenfeste Form geben und im Ofen backen – dann allerdings nur 30 Minuten.

1 Klecks Butter

1 kg mehlige Winterkartoffeln, keine neuen Kartoffeln

2 dl geriebener Käse

300 ml Schlagsahne

200 ml Vollmilch

2 Knoblauchzehen, fein gerieben oder fein gehackt

1 1/2 TL Salz

Etwas schwarzer Pfeffer aus der Mühle

1. Eine ofenfeste Form einfetten und den Ofen auf 200 °C vorheizen.
2. Die Kartoffeln schälen und in dünne Scheiben schneiden.
3. Kartoffeln und Käse schichtweise in die Form geben.
4. Sahne und Milch vermischen, mit Knoblauch, Salz und Pfeffer abschmecken.
5. Sahne-Milch-Mischung schnell aufkochen und dann über die Kartoffeln geben.
6. Im Ofen ca. 1 Stunde backen oder bis die Kartoffeln weich sind.

Fächerkartoffeln

Mit diesen Kartoffeln kann man ein Gericht viel festlicher machen. In den Siebzigerjahren, als ich noch klein war, waren Fächerkartoffeln das reinste Jubiläumsessen.

10 mittelgroße Kartoffeln

2 EL Butter

2 EL Rapsöl

Salz und Pfeffer

1–2 EL Semmelbrösel

1 EL Kümmel

1. Den Ofen auf 225 °C vorheizen.
2. Kartoffeln schälen und einschneiden, ohne sie zu zerteilen. Man kann sie als Halt beim Schneiden in einen großen Holzlöffel legen.
3. Butter schmelzen und in einer ofenfesten Form mit Rapsöl, Salz und Pfeffer mischen.
4. Die Kartoffeln darin wenden und dann mit den Einschnitten nach oben legen.
5. Im Ofen ca. 25 Minuten backen.
6. Kartoffeln herausnehmen, noch einmal mit Butter einpinseln und Semmelbrösel und Kümmel darüberstreuen.
7. Wieder in den Ofen schieben und weitere 20 Minuten backen.

Kartoffelbrei

Für Kartoffelbrei gibt es Tricks, z. B.
dass man erst am Ende der Kochzeit
salzt, die Kartoffeln gut ausdampfen
lässt, bevor sie püriert werden, und am
besten einen Schneebesen verwendet.
Ein elektrischer Mixer kann den Brei
leicht zäh von der Stärke machen.

1 kg mehlige Winterkartoffeln
  (10–12 mittelgroße)
300 ml Vollmilch
50 g Butter
Salz, schwarzer Pfeffer und geriebene
  Muskatnuss nach Geschmack

1   Kartoffeln schälen, in Stücke
    schneiden und in einen Topf legen.

2   Kaltes Wasser daraufgießen, so dass
    sie bedeckt sind, und kochen, bis die
    Kartoffeln gar sind (ca. 20 Minuten).
    Gegen Ende der Kochzeit salzen.

3   Das Kochwasser abschütten und die
    Kartoffeln eine Weile ausdampfen
    lassen, damit der Brei nicht
    wässerig wird.

4   Währenddessen die Milch und die
    Butter aufwärmen.

5   Kartoffeln mit einem Schneebesen
    pürieren, mit der Milch-Butter-
    Mischung verlängern.

6   Mit Salz, schwarzem Pfeffer und ein
    wenig frisch geriebener Muskatnuss
    abschmecken.

Achtung!
Wenn Sie Allergiker in der Familie
haben: Denken Sie daran, dass Muskat
genauso eine Nuss ist wie Hasel- oder
Walnuss.

Wurzelgemüsepüree

Als Daumenregel immer gleich viel von
den drei verschiedenen Wurzelgemüse-
sorten verwenden.

400 g Steckrübe
400 g Karotten
1 Fleischbrühwürfel
2 Lorbeerblätter
4 ganze Gewürznelken (im Tee-Ei)
4 ganze Pimentkörner (im Tee-Ei)
2 EL Butter
400 g mehlige Kartoffeln
Salz und weißer Pfeffer

1   Die Steckrübe und Karotten schälen.
    Steckrübe in kleine Stücke und dünne
    Scheiben schneiden. Karotten in 3 cm
    große Stücke schneiden.

2   Kaltes Wasser dazugeben, so dass
    sie bedeckt werden. Brühwürfel und
    Lorbeerblätter hinzufügen.

3   Gewürze in ein Tee-Ei legen und
    zwischen das Wurzelgemüse sinken
    lassen.

4   Ca. 25 Minuten kochen lassen, bis
    das Wurzelgemüse weich zu werden
    beginnt. Die Kartoffeln schälen und
    in Stücke schneiden.

5   Kartoffelstücke hineingeben, Tee-Ei
    herausnehmen und mit Wasser
    auffüllen, so dass alles bedeckt ist.
    Kochen, bis alles weich ist.

6   Kochwasser abschütten, aber 300 ml
    aufbewahren. Wurzelgemüse mit
    Schneebesen oder elektrischem
    Rührgerät pürieren.

7   Mit dem Kochwasser zur gewünsch-
    ten Konsistenz verlängern. Mit
    Butter, Salz und weißem Pfeffer aus
    der Mühle abschmecken.

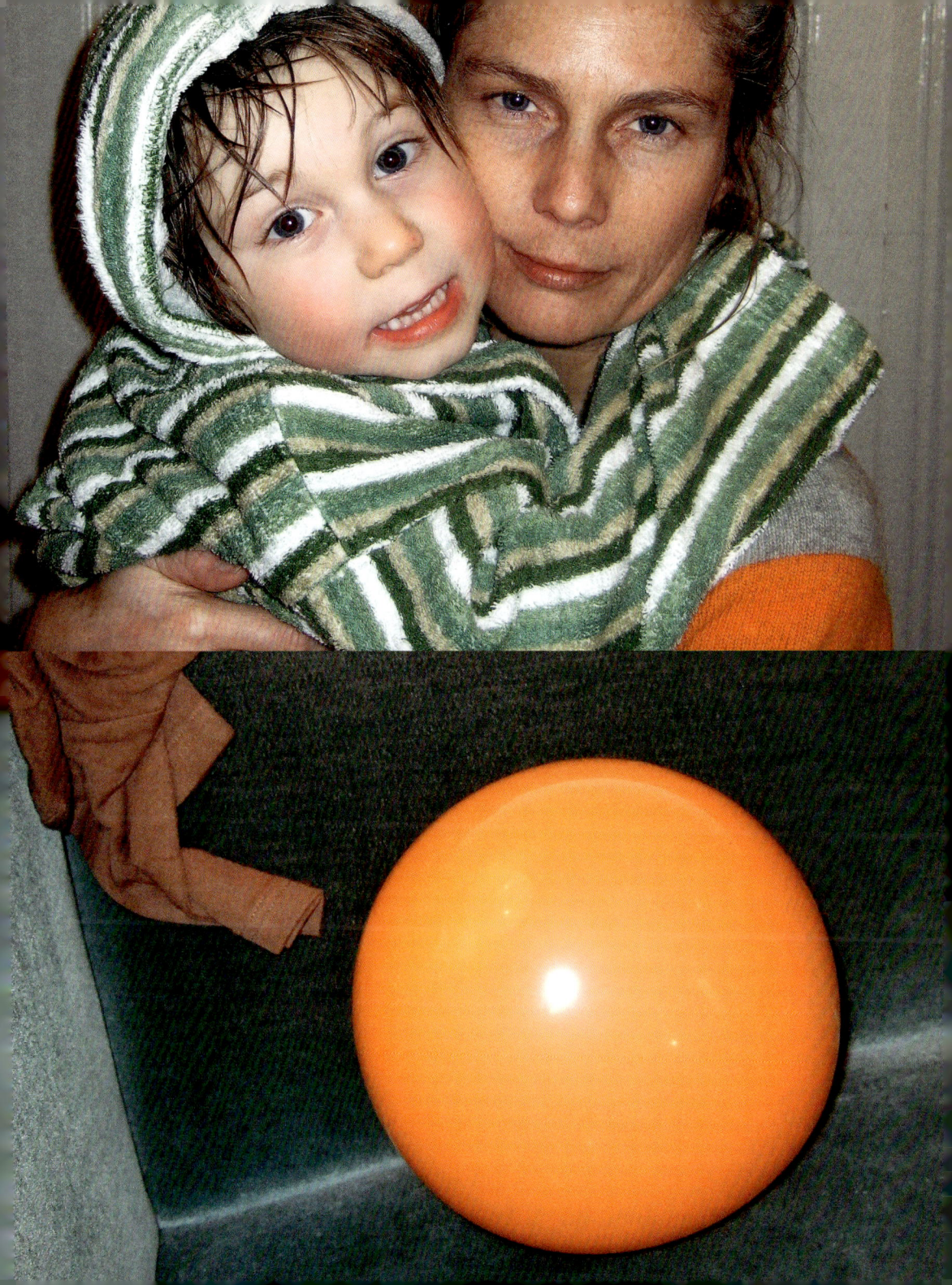

Tomatensalat in verschiedenen Varianten

Sonnengereifte, knackig rote Tomaten kann man so servieren, wie sie sind. Aber solche gibt es nicht immer, dann muss man ihnen ein bisschen auf die Sprünge helfen.

Die Tomaten in Scheiben oder in unregelmäßige Stücke schneiden – das sieht hübscher aus als perfekte Spalten. Das kleine Wurzelstück immer wegschneiden. Ein richtig gutes Olivenöl peppt fast alles auf. Und eine hübsche Schale zum Servieren finden Sie eventuell auf Flohmärkten, da findet man die schönsten Dinge! Entscheiden Sie selbst, auf welche Art Sie Ihren Tomatensalat servieren:

1   Mit fein gehackter roter Zwiebel, Schnittlauch und Vinaigrette
2   Mit Ziegenkäse, kleinen schwarzen Bohnen und Basilikum
3   Mit Feta und Oliven
4   Mit gebratenem Halloumi und frisch gepresstem Zitronensaft
5   Mit Avocado und Parmesan

Verschiedene Kerne und Nüsse peppen fast alles auf.
Wählen Sie zwischen Sonnenblumenkernen, Kürbiskernen, Sesamsamen und Haselnüssen. Mit etwas Olivenöl und Salz in der Pfanne rösten. Über den Salat streuen.

Tomatensoße auf drei Arten

Diese Grundsoße kann man auf viele verschiedene Arten variieren. Ich habe unten drei verschiedene Vorschläge. Ich püriere die Soße gern, damit die Geschmäcker sich vereinigen. Die Pastinake und die Karotte geben eine angenehme Süße.

Grundsoße

1 rote Zwiebel, fein gehackt

2 Knoblauchzehen, fein gehackt

2 EL Tomatenmark

1 EL getrocknete Kräuter der Provence

1 TL Paprikapulver

3 EL Olivenöl

1 mittelgroße Karotte, grob gerieben

1 Pastinake, grob gerieben

1 Dose gehackte Tomaten, 400 g, und 200 ml Wasser, um die Dose auszuspülen

1 TL Salz

1 Rote Zwiebel, Knoblauch, Tomatenmark und Gewürze einige Minuten in Olivenöl anbraten.

2 Wurzelgemüse, Tomaten, Wasser und Salz dazugeben. Bei geschlossenem Deckel ca. 10 Minuten köcheln lassen.

Variante mit Thunfisch

Die Grundsoße zubereiten, dann 1 Dose Thunfisch und 200 ml Kochsahne hinzufügen. Wenn man will, kann man die Soße mit einem Stabmixer glatt pürieren. Sie schmeckt sehr gut zu Pasta. Servieren Sie sie mit frisch geriebenem Parmesan und gerösteten Kürbiskernen.

Variante mit Linsen

Die Grundsoße zubereiten, aber zusammen mit dem Wurzelgemüse und den Tomaten 1/2 dl rote Linsen und 200 ml Kochsahne dazugeben. Diese Soße eignet sich für die vegetarische Lasagne: zwischen Lasagneblätter schichten, Käse darüberreiben und bei 200 °C ca. 20 Minuten gratinieren.

Variante mit Zucchini und Feta

Die Grundsoße zubereiten. 1 Zucchini grob reiben, 200 g Feta zerbröseln, beides in die Soße geben und eine Weile kochen lassen. Passt ausgezeichnet zu Bulgur, Naturreis oder Pasta. Am besten mit Apfel-Karotten-Salat (Seite 172) servieren.

Portionsbrot

Dieses Brot backen wir zur Sommerzeit auf dem Land so gut wie jeden Tag. Der Teig wird am Tag zuvor mit kalter Teigflüssigkeit angesetzt. So kann er über Nacht im Kühlschrank gehen. Auf diese Weise haben wir zum Frühstück frisch gebackenes Brot. Das Brot passt auch perfekt zu Lachsburgern und Hamburgern.

CA. 16 STÜCK

1/2 Päckchen Hefe
2 TL Salz
1 EL Honig
500 ml Wasser
100 ml Milch
12 1/2 dl Weizenmehl
eventuell 3 EL Sesamsamen

1   Die Hefe zusammen mit Salz und Honig in einer Schüssel anrühren.

2   Wasser und Milch dazugeben.

3   Nach und nach das Mehl hinzufügen und mit einer Holzgabel gut rühren. Es soll ein richtig klebriger Teig werden.

4   90 Minuten unter einem Küchenhandtuch gehen lassen.

5   Den Ofen auf 225 °C vorheizen.

6   Den Teig auf ein gut bemehltes Backbrett stürzen. Ein wenig Mehl über den Teig sieben und mit der Hand zu einer ca. 1 cm Dicke platt drücken. Nach Wunsch Sesamsamen darüberstreuen.

7   In leicht unregelmäßige Stücke schneiden und auf ein Backblech legen. Die Brotstücke können ziemlich dicht aneinander liegen, sonst haben sie keinen Platz.

8   Das Brot in den Ofen schieben und ca. 20 Minuten backen. Auf einem Gitter ohne Handtuch abkühlen lassen, dann bekommt es eine gute Kruste.

Müsli

Dieses Müsli eignet sich mit Joghurt und flüssigem Honig gut als Frühstück, Zwischenmahlzeit oder spätes Abendessen.

3 dl Roggenflocken
7 dl ballaststoffreiche Haferflocken
1 dl zerstoßene Leinsamen
1 dl Sonnenblumenkerne
1/2 dl Kokosflocken
1/2 dl Rohzucker und 2 TL Zimt
100 ml Wasser
50 ml Pflanzenöl
3 dl getrocknete Früchte, z. B. Aprikosen, Moosbeeren, Erdbeeren oder Rosinen

1 Sämtliche Zutaten außer die Trockenfrüchte miteinander vermischen und im Ofen bei 225 °C ca. 25 Minuten rösten. Ab und zu umrühren.

2 Wenn das Müsli abgekühlt ist, die Trockenfrüchte untermischen.

Danke!

Besonders möchte ich allen Kindern danken, für die ich in meinen Jahren als Köchin im Kindergarten in Södermalm gekocht habe, ihr wart streng und ehrlich zu mir, das war gut! Ihr habt mich dazu inspiriert, dieses Buch zu machen.

Meinem Mann Jonas, du warst eine unglaubliche Hilfe bei der Fertigstellung dieses Buches. Danke, dass du alle Gerichte des Buches ausprobiert hast, von Anfang bis Ende!

Danke an meine Schwester Jenny, die sich mit großer Ernsthaftigkeit durch das Buch hindurchgearbeitet und alle meine Rezepte ausprobiert hat, während gleichzeitig ihre beiden Söhne Axel und Nils ihre Aufmerksamkeit forderten.

Elisa, die mich immer bei all meinen Ideen unterstützt und die herrliches Essen für die Kinder des Kindergartens Paletten kocht.

Martin Sparring, Mimmi Torsson und Mama Anna-Pia will ich für ihre Rezepte danken, die sie mit mir geteilt haben.

Und dann, natürlich, meinen Söhnen, Frank, Harry und Sune. Ihr habt euch durch das ganze Buch hindurchgegessen.

Vielen Dank dafür!

Karolina Sparring